비즈니스를 통한 개척 선교

나는
비즈너리
입니다

열방네트웍 지음

쿰란출판사

비즈니스를 통한 개척 선교

나는
비즈너리
입니다

> 추천사

신앙의 향기가 짙게 밴 책

– 김석홍(향상교회 목사)

이 책은 군데군데 눈물 자국이 묻어 있고 땀 냄새가 배어 있습니다. 비즈니스 선교 30년의 역사가 고스란히 담겨 있어서 그런 것 같습니다. 꿈을 혼자서 꾸면 꿈에 지나지 않지만 여러 사람과 함께 나누어서 꾸면 현실이 된다는 어느 시인의 말이 생각납니다.

서른 해 노정(路程)을 함께 한 길처럼 달려온 여러 사람이 나누어서 쓴 책이라 꿈과 현실이 맞닿아 있습니다. 실크로드(silk road)를 라이프로드(life road)로 성화(聖化)시키는 하나님 나라의 꿈과 함께 비즈니스와 신앙, 비즈니스와 생활이 팽팽한 줄다리기를 하는 현실이 씨줄과 날줄처럼 얽혀 있습니다. 그래서 크고 화려하지는 않아도 어머니가 차려 주시는 집밥처럼 온몸과 마음에 잘 녹아듭니다. 신앙과 생활이 따로국밥 같은 시류(時流) 속에서 신앙생활과 생활신앙을 일치시키려는 노력처럼, 비즈니스와 선교가 서로 다른 이야기가 아니라 하나의 이야기가 되게 하려고 열방을 누비고 다닌 열정이 느껴집니다. 이 열정을 이 이야기를 써 내려가시는 작가(作家)이신 주님께서도 응원하고 박수해 주시리라 생각합니다.

기쁜 마음으로 일독을 권합니다. 눈으로 읽고, 몸으로 읽고, 삶으로 읽고 있는 독자들의 모습이 떠오릅니다.

선교와 비즈니스의 균형이 잡힌 교과서

– 방선기(전 이랜드그룹 대표사목, 현 일터개발원 이사장)

《나는 비즈너리입니다》는 비즈니스 선교에 관한 아주 실제적인 교과서처럼 느껴진다. 선교와 비즈니스라는 조합을 조화롭게 인지시켜 주기 때문이다. 비즈니스 선교의 역사적인 가치와 신학적인 의미를 간단하지만 명확하게 설명하고 있으며, 동시에 비즈니스 선교에서 비즈니스의 역할이 중요하다는 것도 놓치지 않았다. 그래서 자칫하면 한쪽으로 기울 수 있는 선교와 비즈니스의 균형을 잘 잡아 준다.

이 책에서 비즈니스 선교에 관한 여러 이론이 비즈니스 선교를 균형감 있게 인식하도록 돕는다면, 수많은 비즈니스 선교사 즉 비즈너리의 개인적인 간증을 통해서는 큰 감동을 전해 준다. 그들의 삶에 새겨진 예수님의 흔적, 비즈너리로서 살아가기 위한 몸부림, 성공과 실패 이야기 등 여러 사례는 비즈니스 선교가 현실적으로 가능하다는 것을 보여준다.

이 책은 한 선교단체가 만들어 낸 결과물이지만, 비즈니스 선교에 관심을 가진 크리스천에게 유익한 마중물이자 시발점이 될 것이다.

> 추천사

선구자들의 이야기

- 소영섭(나우미션 부대표, ACTS 선교대학원 비즈니스 선교 전공 초빙교수)

열방네트웍 선교회(ANN)는 한국교회와 선교계 안에 비즈니스 선교라는 개념이 거의 없던 시절에 '비즈너리'(Businary)라는 단어를 만들어 사용했던, 비즈니스 선교의 선구자적인 단체입니다. 로잔의 정의에 의해 요즘은 배머(BAMer)라는 단어가 더 많이 사용되고는 있지만, 100% 비즈니스맨이면서 100% 선교사라는 비즈너리의 정의는 총체적 선교를 요구하는 오늘날 선교의 흐름을 미리 읽고 앞서 나간 혜안이었습니다. 이 책은 그 비즈너리들이 30년간 흘린 땀과 눈물의 이야기며 도전과 성과 그리고 자성에 대한 이야기입니다.

이 책을 통해 독자들은 선교지에서 일구는 비즈니스가 얼마나 어려운지, 그러나 그 속에서 개입하시는 하나님의 손길이 무엇인지 발견하게 될 것입니다. 또한 틈틈이 소개되는 세계 선교의 흐름과 비즈니스 선교에 대한 설명은 오늘날 선교를 이해하는 데 도움이 될 것입니다.

비즈니스 선교의 길잡이

- 엄기영
(전 상하이한인연합교회 담임목사,
현 '어 성경이 읽어지네' 생터사역원 이사장, IBA 상임대표)

상하이에서 목회하면서, 성도들을 선교적 삶으로 초청하기 위해 2007년부터 BAM 포럼이나 콘퍼런스를 진행했다. 이 땅에서 한 번밖에 살지 못하는 인생을 영원한 것 곧 하나님과 하나님의 말씀, 복음과 그 말씀으로 거듭난 영혼들을 위해 사는 것만큼 위대하고 복된 삶은 없을 것이다. 그러기에 선교사의 삶은 위대하다. 더욱이 비즈너리로서 열방을 품고 삶과 신앙, 일터와 선교가 통합된 총체적 선교에 자신을 드릴 수 있다는 것이 얼마나 흥분되고 위대한 일인가!

지난날 한국교회는 잘못된 성속 이원론과 더불어 1/7 성수 주일은 강조했지만 6/7 월요일부터 토요일의 삶을 제대로 가르쳐 주지 못했고, 소득 중에서 1/10 십일조를 강조하면서 나머지 9/10를 어떻게 써야 하는지도 제대로 가르쳐 주지 못했다. 그러다 보니 우리의 신앙생활이 삶 속에서 구현되고 일터에서 하나님을 경험하며 증거되기보다는 예배당에 갇혀 있었다.

이제는 달라졌다. 우리의 부르심과 은사가 창조문화 명령과 선교대명령으로 통합되어 일터 곧 비즈니스를 통해 하나님 나라 복음을 내 주변에 있는 사람, 이주민뿐만 아니라 열방에 있는 영혼들을 향해 경제적, 영적, 사회적, 환경적으로 선한 영향력을 흘려보내는 선교의 삶을 살아간다는 것은 가장 영광스럽고 가치 있고 의미 있는 일이다.

이런 비즈너리로 살기 원하는 사람들에게 이 책은 좋은 길잡이가 되리라 확신한다. 또한 이 책은 새로운 비즈너리를 일으키는 선교적 책으로 한국교회에 자리매김하게 될 것이다.

> 추천사

확장되는 비즈니스 선교의 영향력

– 이다니엘(IBA 사무총장)

'비즈니스 선교'라는 키워드가 전례 없이 주목받고 있다. 교회, 선교사의 신분으로는 들어갈 수 없고 일로써만 들어갈 수 있는 선교지가 늘어났기 때문이기도 하지만, 글로벌 곳곳이 자본의 범람, 과학기술의 발전, 대중문화의 압력 등 '비즈니스 세계'의 영향력 가운데 있다는 것도 하나의 큰 이유이다. 실제로 선교지 현장들을 방문할 때면 곳곳에서 사역해 온 텐트 메이커, 전문인 선교사, BAM(Business As Mission) 기업가 등이 만남을 청한다. 모두들 남이 알아주건 몰라주건 비즈니스 세계에서 하나님 나라 백성으로 살아온 이들이다. 그 수가 정말로 많다.

처음 이 책의 추천사를 제안받고서 순간적으로 '어떻게 써야 하나' 고민했지만, 책을 읽는 내내 최근 선교지 현장에서 만난 비즈니스 선교사들의 면면이 떠올랐다. 책 속에 담긴 이론과 현장 사례는 그들의 일상 그대로였다. 한편으로, 이 책이 향후 비즈니스 선교사로 양성될 젊은 세대의 손에 쥐어지길 기대한다. 영리 비즈니스로 선교지 현장을 섬기기 원하나 어떻게 준비해야 할지 고민하는 젊은 예비 선교사들에게 이 책은 좋은 길라잡이가 될 것이다. 책을 통해 젊은 그리스도인들이 열방네트웍(ANN)과 연결되기를 기대해 본다.

> 추천사

닫힌 선교지의 문을 여는 비즈너리

– 이태웅(KGLI 학장)

무엇보다 먼저 《나는 비즈너리입니다》가 완성된 것에 대해 하나님께 감사드립니다. 이어서 '비즈너리' 신분으로 함께 긴 세월을 보낸 동료들과 그 가족, 후원자들에게 깊은 경의를 표합니다. 추천사 청탁을 받고 원고를 읽으면서 그 완성도에 놀랐습니다. 비즈니스 선교가 아닌 다른 분야에서 선교 사역을 해온 나로서는 추천사를 쓰기 위해서 공부가 필요했습니다. 그렇게 원고를 읽어 내려가면서 그 전문성의 깊이를 재차 확인할 수 있었습니다.

오래전에 내가 세계복음주의연맹 선교위원회의 일원으로 있을 때 BAM(Business as Mission)이 시작되었습니다. 마침 초기의 문서가 있어 본서와 비교해 보았습니다. 비즈너리가 되려면 훈련 과정을 거쳐야 하는데, 본서에 등장하는 훈련 프로그램은 매우 짜임새 있게 구성되었고 내용 면에서도 그 분야의 전문성을 기르기에 충분하다고 느꼈습니다.

또 하나는 자격에 관한 것인데, 비즈너리가 되기 위해서는 사업적인 영역도 중요하지만 사역 대상의 구령화(求靈化)라는 목표가 최우선 순위임을 분명히 하고 있습니다. 이런 점을 매우 중요하게 고려하는 것을 자랑스럽게 생각했습니다. 아마도 이렇게 비즈너리의 훈련을

받았다면 사역의 현장에서 구령을 통해 구원받은 성도가 되게 함은 물론이고, 더 나아가서 그들을 로컬 지도자 중의 한 사람으로 양성할 수 있을 것입니다.

  갈수록 선교지는 열리지 않고 기존의 방식으로는 선교가 더욱더 어려워지고 있습니다. 하지만 비즈니스와 선교가 힘을 합친다면 닫힌 선교지의 문을 열 수 있지 않을까요. 처음엔 사역의 자리를 만드는 것이 쉽지 않아 열 번 스무 번 포기할 생각을 한다고 해도, 비즈너리 훈련을 받은 사람이라면 능히 이러한 장애들을 이겨 낼 수 있을 것이라 확신하며 이 책을 널리 추천하는 바입니다.

추천사

모두가 동행할 길

– 정주채(향상교회 은퇴목사)

열방네트웍(ANN) 선교회가 설립된 지 30년, 세기를 가로지르는 긴 역사에 비교하면 짧은 기간이지만 설립 때부터 함께했던 선교사들이 자신들의 지나온 날들을 돌아보면 결코 짧은 세월이 아닐 것이다. 설립 초기에 새로운 선교 패턴의 비전을 품고 개척자로서 출발할 때는 비즈너리에 대한 사명감과 자부심, 그리고 열정이 충만하였으나 현실은 결코 쉽지 않았다. 비즈너리로서의 삶과 사역은 결코 만만한 일이 아니기 때문이다.

나는 얼마 동안이나마 우리 ANN 선교사들과 함께 교제하며 동역한 일이 있다. 그때 일선 선교사들의 고생을 가까이에서 직접 보면서 비즈너리의 고달픈 인생을 느낄 수 있었다. 그러나 모두 용감하였다. 어떤 처지에서도 좌절하지 않았다. 비즈너리의 꿈을 안고 고생을 피하려 하지 않고 일어나 걸었다. 그런 경험들이 정리되어 이 책에 수록돼 있다.

선교사로서 함께 걸어온 동역자들이 이 간증들을 읽으면 일반 독자들과는 다른 감동이 솟아날 것이다. 다시 한번 자신을 돌아보고 그때 가졌던 비전을 거듭 확인하게 될 것이다. 그리고 일반 독자들도 이 책을 읽으며 잠시라도 선교사들을 만나 동행하는 경험을 하게 될

것이다.

  비즈너리로서의 길은 사실상 우리 모든 크리스천이 걸어야 하는 길이다. 우리가 세상에서 사업을 하고 직장생활을 하는 일들이 어찌 복음 전도자로서의 사명과 관계없는 일일 수 있겠는가. 우리 모두 우리의 삶의 현장에서 비즈너리로 살자.

> 추천사

제자들의 또 다른 이름, 비즈너리

― 조샘(인터서브 대표, Center for Business As Mission 이사장)

"하나님께서 세상에 하시는 일을 보라."

현대 선교를 이끌어 가는 개념인 '하나님의 선교'의 중요한 명제다. 하나님은 우리보다 앞서서 세상 가운데서 일하고 계시다. BAM(Business as Mission) 운동은 이 믿음을 실제로 보여주는 좋은 사례 중 하나라고 할 수 있다. 다양한 사람들이 다양한 상황에서 하나님의 일하심을 감지하고, 그 가운데 비즈니스와 선교를 연결하려는 시도를 하면서 전 세계적인 운동으로 자라났다.

글로벌 BAM 운동의 출발에는 공산권의 몰락과 변화라는 90년대 전후의 상황이 있다. 이 거대한 흐름에 관해 이런저런 이유를 찾을 수는 있겠지만, 극한 냉전으로 40년을 보냈던 당시의 상황에서 구소련의 몰락은 모든 이들에게 예상치 못한 변화와 충격이었다. 이는 하나님께서 앞서서 행하신 일, 즉 하나님의 선교였다.

이 변화 가운데 하나님의 일하심을 감지하고 비즈니스 선교를 시도한 한 축은 중앙아시아에서 사역하던 서양 선교사들이었다. 그리고 또 다른 축이 있었는데, 그것은 지금의 열방네트웍(ANN)을 낳은 신갈렙 선교사와 비즈너리 운동이라고 할 수 있다. 이 운동은 공산주의 경제에서 나와서 새로운 변화를 시도하던 중국이라는 거대한 선교지

를 향하고 있었다. 이 후자의 흐름은, 하나님의 일하심을 감지한 크리스천들의 자발적 참여, 즉 하나님 백성의 선교라고 할 수 있다.

개인적으로, 많이 소개된 서양의 흐름과 달리 감춰졌던 비즈너리와 ANN이 늘 궁금했다. 서양의 BAM 운동이 90년대 중앙아시아의 경제적 몰락과 실업이라는 상황 속에서 사회 변혁적이고 총체적인 관심을 안고 시작했다면, 새로운 시대로 변화하는 중국이라는 상황 속에서 진행된 ANN이 보여준 한국 선교의 특징은 무엇일까?

《나는 비즈너리입니다》는 한국 선교의 DNA를 보여주는 다양한 얘기들로 가득 찬 보석과 같은 책이다. 복음을 위해서 가진 것 전체를 드리려는 헌신, 새로운 곳을 개척하려는 용기, 모르는 것을 몸으로 배우려는 모험심 등을 읽으며 감동이 가슴으로 전해 온다.

하나님은 우리보다 앞서가신다. 90년대의 변화를 가져오며 동시에 하나님의 사람들을 깨우셨던 그 성령께서 지금 우리를 다시 깨우신다. 이 일을 발견하고 참여할 이들은 누구인가? 복음의 헌신, 개척 정신, 두려움 없는 모험으로 인생을 드리려는 이들이다. 바로 예수의 제자들이며, 이들의 또 다른 이름은 비즈너리이다.

새로운 선교의 전방에서

— 최윰(선교한국 사무총장)

19~20세기의 전통적인 선교는 서구의 우월성을 중심으로 'from the west to the rest' 패러다임으로 진행되었다. 그러나 오늘날 비서구 기독교가 과거 선교 모델을 그대로 재현하기가 쉽지 않다. 특히 기독교에 적대적인 이념과 종교가 포진해 있는 지역을 선교하기 위해서는 이전과는 다른 접근이 필요하다.

열방네트웍(ANN) 선교사들은 1993년부터 이 숙제를 끌어안고 개척자로 살아왔다. 'ANN'은 'Business'와 'Missionary'를 합성하여 '비즈너리'(Bisinary)의 개념을 만들어 선교 현장에서 사업과 사역을 동시에 진행했고, 'Silk Road Life Road'의 비전으로 선교계가 중국 선교를 말할 때 처음부터 '선교 중국'을 외치며 'Church Planting'을 넘어 'Mission Planting'을 일구어 왔다. 말이 통하는 한국에서 자영업자로 생존하는 것도 어려운데 하물며 타 문화권, 그것도 제한 지역에서 창업하여 손익분기점을 넘기고 교회를 개척하고 그들을 선교사로 동원하는 일은 결코 쉬운 일이 아니다.

이 책에는 지난 30년간 ANN이 걸어온 개척의 역사가 담겨 있다. 자! 비즈너리로 현장에 투신하여 선교의 불꽃을 만들어 낸 진정성 있는 이야기 속으로 함께 들어가 보자.

머리말

열방네트웍의 30년, 그리고 이후 30년을 꿈꾸며

— 이흥훈 목사(열방네트웍 선교회 이사장)

열방네트웍 선교회 창립 30주년을 맞으며 선교사들의 삶 이야기, 비즈니스 선교 사역 이야기 등 하나님께서 우리 열방네트웍과 함께 하신 이야기들을 모아 책을 출간하게 되어 하나님께 감사와 영광을 돌립니다.

처음 선교회가 설립되던 당시에 대부분의 해외 선교는 선교에 헌신한 목회자가 교회의 지원을 받으며 선교 활동에 전념하여 교회를 개척하는 방식이었습니다. 이런 형태의 전통적인 선교가 해외 선교에 큰 역할을 해온 것도 사실입니다. 하지만 공산권 국가나 회교권 국가 등 선교사를 환영하지 않는 국가에서는 선교사가 비자를 받고 안정적으로 거주하며 선교 활동을 하기 어려웠습니다. 또한 선교지에서 선교 대상자들을 자연스럽게 만나는 것도 쉽지 않았습니다.

그러나 직업을 창출하는 비즈니스로 진출한다면 기독교 선교사를 배척하는 나라에서도 환영받습니다. 비자를 쉽게 발급받고 안정적으로 거주하며, 사업체에서 선교 대상자들을 쉽게 만날 수 있습니다. 그리고 경제적으로도 보탬이 됩니다.

모든 사람은 기본적으로 일을 하며 그것을 통해 생활하기 때문에 우리 선교회는 선교사가 일터 현장으로 들어가는 것을 목표로 시작했습니다. 한 회사에서 경영자로 일하던 신갈렙 선교사가 창의적인 발상으로 비즈니스(business)와 선교사(missionary)를 접목하여 '비즈너리'(businary)라는 신조어를 만들고, 1993년에 비즈니스 선교회를 발족했습니다. 열방네트웍 선교회는 이처럼 비즈니스를 하며 선교하는 것을 지향하며 한국에서 창립된 선교단체입니다.

설립 초기만 해도 성속(聖俗)을 구분하는 이원론적 사고로 선교사가 세속적인 직업을 갖는 것을 탐탁하지 않게 생각하는 사회적 분위기 때문에, 비즈니스 선교사는 한국교회에서 환영받지 못했습니다. 전통적인 개념의 선교사는 신학을 공부하고 목사 안수를 받는 것이 기본이었지만, 우리 선교회의 선교사에게 신학은 필수가 아니라 선택이었습니다.

선교사로서 외국에 가서 처음부터 충분한 수익을 창출하고 경제적으로 자립할 수는 없으니 교회의 협력과 지원도 어느 정도 필요했지만, 목사가 아닌 비즈니스 선교사는 교회에서 지원을 받는 것에도 어려움이 있었습니다. 한국 기업의 해외 파견으로 나가 선교한다면 많은 문제가 해결되겠지만, 그럴 경우 선교에 우선순위를 두기가 어렵습니다. 이런 여러 사항을 고려하여 우리 선교회는 해외에서 창업

　선교를 전제로 훈련하고 파송했습니다.

　비즈너리를 지망하는 젊은이들은 선교회에서 선교 훈련과 함께 창업 훈련을 받고 선교사로 파송되어 선교와 비즈니스를 함께 감당했습니다. 해외에서 비즈니스와 선교를 병행하는 것이 쉽지 않았지만 하나님께서 함께하심으로 30년간 열방네트웍의 역사가 이어졌고, 그 이야기를 나누게 되어 여간 기쁘지 않습니다.

　코로나 시기에 많은 선교사들이 귀국해야 했지만, 현지에 비즈니스가 있는 우리 선교사들은 현장에서 자리를 지킬 수 있었습니다. 우리 선교사들은 해외에서 소규모지만 회사를 설립하고 거주 비자를 받았으며, 현지인들을 직원으로 채용하여 날마다 만날 수 있었고, 거래 회사나 고객과도 자주 만나며 복음을 전할 수 있었습니다. 이제는 비즈니스 선교가 이 시대 선교의 대안으로 인정받고 있습니다. 많은 전통적인 선교사들이 비즈니스 선교를 지향하며, 교단과 교회에서도 비즈니스 선교를 인정하고 있어서 다행으로 생각합니다.

　이 책의 제1부는 열방네트웍 선교회와 비즈너리가 갖추어야 할 기본 자질들을 소개하며, 이 선교회에 들어오게 된 이야기, 선교회에서 훈련받은 이야기, 선교사로 파송되어 비즈니스와 선교를 시작한 이야기 등을 담고 있습니다. 그리고 선교 패러다임이 어떻게 변화하고 있는지에 관한 글을 담았습니다.

제2부는 비즈니스 선교의 장점과 전략 그리고 한국 기업들의 사례를 소개하는 글과 함께, 실제로 선교지에서 의류 장사, 김치 사업, 커피숍 등의 창업을 하며 사람을 만나고 복음을 전한 선교 이야기, 사업을 하며 겪은 여러 이야기가 담겨 있습니다.

제3부는 비즈니스 선교 현장에서 전해 주는 생생한 간증입니다. 선교와 사업의 성공과 실패, 암 환자로서 투병하며 만난 하나님, 선교사의 자녀들 이야기 속에 담긴 하나님의 임재와 은혜를 만날 수 있습니다.

제4부는 선교회의 미래를 전망하며, 새로운 형태의 비즈니스 선교 이야기, 그리고 하나님의 관점에서 본 비즈니스 선교와 이후 선교단체의 변화에 관한 글로 이 책을 마무리 짓습니다.

그동안의 경험을 되살리며 글을 보내 주신 선교사님들과 소중한 글을 써 주신 이강락 이사님, 임태순 이사님께 감사드립니다. 선교 현장의 특성상 좀더 생생한 내용들을 소개할 수 없는 점에 대해 이해를 부탁드립니다. 다양한 글들이 책이 되도록 편집하시느라 애쓰신

이화정 편집자님께 깊은 감사를 드립니다. 특별히 오랜 기간 이사장으로 선교회를 사랑하고 헌신적으로 섬겨 주셨던 정주채 목사님의 수고에 깊은 감사를 드립니다.

앞으로의 30년을 바라보며 이 책이 비즈니스 선교를 꿈꾸는 사람들에게 도움이 되고 하나님 나라를 위하여 쓰임 받기를 소망합니다. 이 책을 읽는 분들에게 하나님의 임재와 역사가 있기를 바라며 하나님께서 영광 받으시기를 기도합니다.

차례

추천사
- 신앙의 향기가 짙게 밴 책 김석홍(향상교회 목사) 4
- 선교와 비즈니스의 균형이 잡힌 교과서 방선기(전 이랜드그룹 대표사목, 현 일터개발원 이사장) 5
- 선구자들의 이야기 소영섭(나우미션 부대표, ACTS 선교대학원 비즈니스 선교 전공 초빙교수) 6
- 비즈니스 선교의 길잡이 엄기영(전 상하이한인연합교회 담임목사, 현 '어 성경이 읽어지네' 샘터사역원 이사장, IBA 상임대표) 7
- 확장되는 비즈니스 선교의 영향력 이다니엘(IBA 사무총장) 9
- 닫힌 선교지의 문을 여는 비즈너리 이태웅(KGLI 학장) 10
- 모두가 동행할 길 정주채(향상교회 은퇴목사) 12
- 제자들의 또 다른 이름, 비즈너리 조샘(인터서브 대표, Center for Business As Mission 이사장) 14
- 새로운 선교의 전방에서 최웁(선교한국 사무총장) 16

머리말 열방네트웍의 30년, 그리고 이후 30년을 꿈꾸며 이흥훈 목사(열방네트웍 선교회 이사장) 17

1부
비즈너리로 열방을 품다

1장 열방네트웍 선교 스토리 … **28**

2장 비즈너리로의 부르심 … **35**

3장 비즈너리들의 고백 … **48**

4장 그냥 같이 살려고요 … **59**

5장 시골 마을에 세워진 길학교 … **71**

6장 미술학교와 비즈너리 사역 … **78**

7장 선교 패러다임의 변화 … **84**

2부
나는 비즈너리입니다

1장 비즈니스는 어떻게 선교를 구성하는가? … **98**

2장 비즈너리로서 비즈니스 시작하기 … **107**

3장 의류 매장에 뿌려진 복음의 씨앗 … **114**

4장 'K-FOOD'로 사역의 2막을 열다 … **121**

5장 커피를 볶으며 복음을 나누다 … **129**

6장 의류 매장에서 교회가 일어나다 … **138**

7장 축복의 통로가 된 카페 … **149**

8장 실패 속에서 발견한 비즈니스 미션 … **157**

3부
비즈너리의 삶 이야기

1장 마음으로 품고 발로 밟게 하신 곳 … **170**

2장 살아 역사하시는 하나님의 말씀 … **175**

3장 빛과 어둠 가운데 비즈너리로 세우신 은혜 … **183**

4장 약한 나를 강하게 하신 하나님 … **197**

4부

새 시대의 비즈너리

1장 한국어로 영혼을 만나다 … **208**

2장 이주민 사역 이야기 … **217**

3장 선교하는 나라를 꿈꾸다 … **230**

4장 '하나님의 선교' 관점에서 본 비즈니스 선교 … **241**

5장 하이브리드 시대, 선교단체의 역할 … **256**

편집 후기 _ **268**

1부

비즈너리로 열방을 품다

우리 모두는 세상으로 보내심 받은 하나님의 선교사들이다.
그중에서 비즈너리는 복음이 들어가기 힘든 곳에 보내심을 받아
삶과 사역을 개척하는 선교사이다.
열방네트웍과 비즈너리의 처음 이야기를 들어 보고,
선교가 어떻게 변해 왔는지,
비즈너리가 되기 위해서는 어때야 하는지도 함께 살펴본다.

1장

열방네트웍 선교 스토리

열방을 향한 열방네트웍(All Nations Network, ANN)의 비전은 현지 선교사 형제의 고백이 명확히 말해 준다.

"우리와 함께 동행(동반)해 주어서 너무 감사했습니다. 함께 살아 주고 같은 자리에 있어 줘서 고마웠습니다. 그것이 우리에게 가장 큰 위로와 기쁨이었습니다. 하나님의 나라를 위해 달려갈 힘이 되었습니다."

그렇다! 우리는 복음이 전해지지 않았고, 복음을 들고 들어가기 힘든 곳에 들어가 그들과 함께하며 복음으로 살고 복음을 전하기 원한다. '말씀이 육신이 되어 우리 가운데 오신 예수님'이 우리의 모범이시다. 예수님은 '우리가 아직 죄인이었을 때' 죄인인 우리를 향해, 우리를 구원하러 오셨다. 예수님께서 우리의 삶이 있는 이 땅에 오신 것처럼 우리들도 그들의 삶으로 들어가기를 소망한다. 그 소망이 아직 예수님에 대해 들어 보지 못했고, 들었더라도 믿지 못하고 거부하는 이들에게 나아가는 이유다. 세계 곳곳에 선교사가 파송되어 있다고는 하지만, 이런 곳과 민족들에게 나아가는 선교사는 여전히 소수에 불과하다. 이런 복음의 불균형을 보며 우리의 비전이 시작되었다.

아들 예수를 죄 많은 이 땅에 보내신 하나님은 지금도 그 땅과 민족을 향해 그분의 자녀들을 부르고 보내기를 원하지 않으실까? 그들을 향한 우리들의 비전은 하나님의 말씀과 그 마음에 대한 반응에 순종하는 데서 출발한다.

> "이 천국 복음이 모든 민족(All Nations)에게 증거되기 위하여 온 세상(All the World)에 전파되리니 그제야 끝이 오리라"(마 24:14).

우리들의 비전은 'Silk Road Life Road!'이다

'Silk Road'(실크로드)는 역사적으로 상인들이 오가며 문물과 종교가 전해지는 통로였다. 10/40 창으로 대변되는 미전도 지역(창의적 접근 지역)과 미전도 종족을 상징한다. 미전도 종족에게 복음을 전하는 것이 우리의 사명이고, 이를 위해 우리는 비즈니스를 통한 전방 개척 선교를 지향한다. 실크로드는 지리적인 개념과 함께 미전도 종족을 포함하는 개념이다.

'Life Road'(라이프로드)는 예수 그리스도의 복음이 전해져 영원한 생명을 얻고 변화되는 것을 말한다. 또한 변화된 그들을 통해 계속해서 새 생명의 역사가 이어지는 생명수의 길을 의미한다. 더 나아가 우리의 사역과 삶을 통한 총체적인 선교, 바로 'Life as Mission'을 의미한다.

이 비전을 향한 발걸음은 1993년 선교회 대표의 작은 집에서 소수의 형제들과 함께 시작되었다. 작은 공간에 소수의 인원이었지만 하나님께서 주신 열방을 향한 큰 비전을 품었다.

비전의 땅으로 들어가기 위한 우리의 훈련은 조금 특별하고 매우 실제적이다. 일반적으로 선교 훈련은 선교에 대한 강의 위주로 진행되고, 훈련 후에 비전트립을 다녀온다. 그러나 열방네트웍의 훈련은 이론보다 실전 위주의 훈련이다. 노동을 통해 최소한의 자본금을 마련하고 그것을 바탕으로 노상에서 장사하는 것으로 시작한다. 아무것도 없는 상태에서 노동을 하고 사업을 해보는 훈련이지만, 동시에 삶의 현장에서 사람들과 소통하고 복음을 전하는 훈련이기도 하다. 그다음에는 장사를 해서 얻은 이익으로 현지 탐방을 간다. 단기 선교나 선교 훈련으로 가는 비전트립과는 다른 여행이다. 현지 사정을 살피고 경험할 수 있으며, 상품을 준비해서 거리에서, 기차에서 판매하기도 한다. 만국 공통어인 아라비아 숫자로 소통하며 그들의 삶의 자리에 들어가 보는 것은 정말 특별한 경험이다.

훈련받는 당시에는 훈련생들이 이런 방식의 훈련을 어려워하고, 왜 이렇게 해야 하는지 의문을 갖기도 한다. 그러나 나중에는 그 경험이 선교지의 실제 상황과 삶의 두려움을 이겨 내는 지혜가 되었다고 고백하는 이들이 많다. 그리고 훈련 시의 경험이 현지인들과 더 깊고 진정성 있는 관계를 세우는 데 도움이 되는 것을 본다.

세계는 이전보다 훨씬 다양해지고 복잡해졌다. 열방네트웍이 비전을 품고 30년을 달리는 동안, 선교회를 시작하던 처음과 지금의 세상과 환경, 선교지 상황도 달라졌다. 이런 상황에서도 선교하고자 한다면 훨씬 다양한 방법과 길을 찾을 수 있다. 모든 것이 달라진 만큼 선교 방법도 달라져야 한다. 중요한 것은 도전하고자 하는 마음이 있는가다. 그와 같은 도전을 이어가는 하나님의 일꾼들의 다양하고 풍부한 새로운 방식의 도전이 계속되길 바란다.

열방네트웍 선교사의 정체성은 비즈너리이다

비즈너리, 'Businary'는 'Business'(비즈니스)와 'Missionary'(선교사)가 통합된 단어다.

비즈니스(Business)는 우리들의 일상이며 살아가는 삶의 현장이다. 삶의 현장을 선교적(Missional)으로 통합하는 것이 비즈너리(Businary)의 삶이다. 우리는 비즈니스를 통해 선교사의 접근이 어려운 창의적 접근지역에 들어갈 수 있다. 이미 많은 비즈니스맨들이 그 어떤 선교사보다도 치열하게 사역하며 다양한 모습으로 그 안에 들어가 있다. 비즈니스는 창의적 접근지역으로 들어가기 위한 방법인 동시에, 그들의 삶 한가운데 머물며 비전을 나누고 복음을 전하면서 하나님 나라를 세워 가는 총체적인 선교의 장이다.

일반적인 선교와는 다른 방식의 접근이기 때문에, 비즈너리 내부에서 혹은 외부에서 비즈니스맨과 선교사로서의 정체성이 흔들릴 수도 있다. 선교사를 지칭하는 '미셔너리'(Missionary)는 '보냄 받은 자'를 뜻한다. 이 말을 통해 우리 비즈너리는 하나님 나라를 위해 보냄 받은 존재라는 정체성을 확인할 수 있다. 보냄을 받았다는 정체성을 분명하게 인식하고 있을 때, '내가 비즈니스맨인가, 선교사인가' 하는 이원론적인 방황에서 벗어날 수 있다.

보냄 받은 곳과 민족 가운데서 성육신적이고 총체적인 삶, 즉 선교사적인 삶을 살아가는 우리는 '비즈너리'(Businary)다.

그러면 이런 정체성을 가지고 보냄 받은 선교지에서 살고 있는 비즈너리의 실제적인 삶은 어떤가? 선교사들의 글과 간증을 통해 볼 수 있겠지만 우리의 삶은 도전의 연속이다. "내가 이미 얻었다 함도 아니요 온전히 이루었다 함도 아니라 오직 내가 그리스도 예수께 잡힌 바 된 그것을 잡으려고 달려가노라"(빌 3:12)라는 바울 사도의 고백이 바로 우리들의 고백이다.

때론 생각지도 못한 현지의 비즈니스 환경 때문에 곤란을 겪고, 현지인의 속임과 거짓에 분노하며, 동역자들과의 마찰로 마음고생하기도 한다. 중요한 것은 그때 어떻게 대처하느냐다. 어려움이 올 때 대처하는 방법에 따라 위기가 오히려 기회가 되어 사람을 얻고 새로운 길을 발견할 수도 있다. 선교지의 사람들은 자신들 안에서 살고 있는 우리가 어떻게 행하고 반응하는지 보고 있다. 그리고 우리의 움직임에 따라 묻기도 한다. 이슬람권에서 사역하는 선교사의 고백이다. "내가 회사의 사장으로서 업체나 고객들을 만나다 보면, 그들이 자기들의 신앙을 말하기도 한다. 그러면 나도 자연스럽게 내가 믿는 예수님을 간증하며 신앙을 나눌 수 있다." 이처럼 매일 비즈니스의 삶을 살며 신앙을 나누며 살아가는 것이다.

비즈너리라고 해서 우리에게 거창한 비즈니스 방법이나 성공 원칙을 기대한다면 실망할지도 모른다. 해외의 환경에서 비즈니스를 하고 있으니 무언가 나름의 노하우가 있겠다고 생각할 수도 있으나, 우리의 이야기에서 비즈니스 진행을 위한 실제적이고 구체적인 적용점은 생각보다 많지 않다. 비즈니스에서 성공하고 이윤을 남기는 것이 목적이 아니기 때문이다. 그러나 복음을 전하려 애쓰는 선교사들의 살아 있는 경험을 들으며 현지에서의 삶의 자세를 보고 배울 수 있을 것이다. 사도 바울의 고백처럼 비즈너리로서의 우리 삶은 주님 앞에 갈 때까지 이미 얻었다 함이 아니라 그리스도 예수께 잡힌 바 된 그것을 잡으려고 달려가는 삶이기 때문이다. 그 삶을 로마서 10장 15절은 '아름답도다, 좋은 소식을 전하는 자들의 발이여!'라고 외친다.

열방네트웍(All Nations Network)의 이름은 사명을 품고 있다

"예수께서 나아와 말씀하여 이르시되 하늘과 땅의 모든 권세(All Authority)를 내게 주셨으니 그러므로 너희는 가서 모든 민족(All the Peoples)을 제자로 삼아 아버지와 아들과 성령의 이름으로 세례를 베풀고 내가 너희에게 분부한 모든 것(All that I Commanded)을 가르쳐 지키게 하라 볼지어다 내가 세상 끝 날까지 너희와 항상(모든 날, All the Days) 함께 있으리라 하시니라"(마 28:18-20).

열방네트웍은 예수님께서 주신 대사명(마 28:19-20)을 품기를 원한다. 대사명에는 네 개의 'All'이 나온다.

① All Authority - 모든 권세
② All the Peoples - 모든 민족
③ All that I Commanded - 분부한 모든 것

④ All the Days - 항상(모든 날)

    주님의 권세와 주님께서 항상 함께 있을 것이라고 하신 약속이, 모든 민족에게 복음을 전하고 그들에게 주님께서 분부하신 모든 것을 가르쳐 지키게 하는 사명을 앞뒤로 감싸고 있다. 하나님께서 명령하신 대로 모든 민족이 주님과 연결(network)되고 관계가 회복되어 주님의 제자가 되게 하는 것이 우리의 사명이다. 따라서 All Nations Network(ANN) 열방네트웍이란 이름에는 모든 세상과 민족이 주님과의 관계를 회복하는 하나님의 비전과 소망이 담겨 있다. 그렇기 때문에 우리는 모든 세상과 민족 가운데 복음이 들어가지 못한 곳과 복음을 모르는 민족을 우리의 사명으로 품는다.
    이처럼 놀라운 사명을 품고 열방을 향해 나아간 ANN의 비즈너리들이 어떻게 그 삶에 발을 들여놓게 되었을까? 모두 다른 길을 밟아 왔겠지만, 그 가운데 몇몇의 고백을 들어 보자.

2장

비즈너리로의 부르심

사명(Mission)

하나님의 은혜로 예수 그리스도를 믿어 거듭난 자녀들에게 성령님은 놀라운 사명을 주신다.

> "너희는 가서 모든 민족을 제자로 삼아 아버지와 아들과 성령의 이름으로 세례를 베풀고 내가 너희에게 분부한 모든 것을 가르쳐 지키게 하라 볼지어다 내가 세상 끝 날까지 너희와 항상 함께 있으리라"
> (마 28:19-20).

오늘도 수많은 그리스도의 제자들이, 사망 권세 이기고 부활하여 승천하기 직전에 주신 그분의 이 지상명령에 순종하여 땅끝까지 이르러 생명의 복음을 전하며 주님의 말씀을 가르쳐 지키게 하고 있다.

우리가 가야 할 땅끝은 어디일까? 물론 국내 불신자가 우리의 땅끝일 수도 있다. 그러나 우리나라 사람들은 대부분 복음을 들어 본 적이 있을 것이다. 그러므로 우리의 진정한 땅끝은 '길이요 진리요 생명이신 예수 그리스도'를 한 번도 들어 본 적이 없는 타 문화권 미전도 종족이다. 문화가 다르고 언어가 다르고 세계관이 다른 타 문화권에서 복음을 한 번도 접해 보지 못한 사람들, 그들이 우리의 땅끝이다.

땅끝은 국내에 있는 타 문화권 사람일 수도 있고, 해외에서 자국 혹은 타국에 살고 있는 타 문화권 사람일 수도 있다. 그러나 그들이 어디에 있든 예수 그리스도를 들어 본 적이 없다면, 성령님의 은혜로 거듭나 그리스도의 제자가 되도록, 우리는 생명이 다하는 날까지 타 문화권 선교라는 사명을 다하여야 한다.

장벽을 넘어(Beyond the Barrier)

타 문화권 미전도 종족에게 다가가는 일에는 보이는 혹은 보이지 않는 수많은 장벽(barrier)이 있다.

그중에서 언어, 문화의 차이나 세계관의 차이는 극복하고 뛰어넘을 수 있는 장벽이다. 현지에서 2년 정도 언어를 공부하면 웬만한 의사소통은 가능하다. 그리고 어느 언어학자의 말대로 의사소통할 때 몸짓 언어(body language) 같은 비언어적 요소가 언어적 요소보다 더 전달력이 크므로 언어가 조금 부족해도 의사소통은 충분히 할 수 있다. 문화 역시 처음 1년 동안은 문화 충격(cultural shock)을 이겨 내기가 한 선교사의 말대로 출산의 고통 다음으로 힘들기는 하지만, 적응

훈련을 쌓아 가면서 점차 현지에 적응하게 된다. 세계관의 차이는 현지인들과의 꾸준한 대화와 훈련을 통해 극복할 수 있다. 아니, 그리스도인의 세계관을 심어 주는 것이 선교의 핵심이기 때문에 그것을 문제로 삼을 수는 없다.

그렇다면 무엇이 우리를 가로막는 장벽인가? 바로 입국 비자를 비롯한 현지 법과 행정명령 등의 실질적인 문제들이다. 이 장벽을 뛰어넘기 위한 지혜가 바로 기업과 기능을 동원하는 비즈니스 선교이다. 열방네트웍은 비즈니스 선교를 '비즈너리'(Businary)라고 부른다.

비즈니스 선교

10/40 창 지역, 그리고 전통 선교사들이 거부당하는 지역, 공식적으로 복음을 증거할 수 없는 지역에서 비즈니스 그 자체로 총체적 복음인 샬롬을 전하는 사역이 비즈니스 선교다. 그런데 지금은 10/40 창 지역이 아닌 지역이더라도 비즈니스 선교 사역의 고유함이 유지, 확장되는 것도 비즈니스 선교라고 부른다.

오늘날처럼 외국인 근로자 수만 명이 들어와 일하는 사회, 다문화 가정이 적지 않은 사회에서 타 문화권 사람들을 고용하고 그들에게 복음을 전하며 복음에 합당한 삶의 본을 보인다면, 기업을 경영하는 가운데 그들이 복음을 받아들여 귀국 시 선교에 앞장서게 한다면, 그리고 기업 경영의 목표가 수익 창출에 그치지 않고 선교를 목적으로 한다면 이 또한 비즈니스 선교이다. 그러나 여기에서는 협의적이고 본질적인 타 문화권 사역이라는 관점에서 비즈니스 선교 이야기를 다루려 한다. 무엇보다도 비즈니스 선교는 공산권이나 이슬람권 또는 불교, 힌두권 등 종교비자를 받지 못하는 지역에 선교사가 들어가기 위한 안전하고 좋은 방편이 된다.

비즈니스 선교는 전문인 선교이며, 사도 바울이 텐트 메이커 사역을 함으로써 자기와 동역자(팀원)들이 쓰는 것을 충당했던 것(행 18:3, 20:34)처럼 자비량 선교이기도 하다. 선교비 후원에 의존하지 않아도 되고, 이에 더하여 입국비자와 현지에서의 신분 문제까지 해결되니, 이 시대의 선교 장벽을 넘는 지혜가 아닐 수 없다.

그러나 여기에는 두 가지 문제가 있다. 하나는 우선순위의 문제이고, 또 다른 하나는 정직성 내지 염결성(廉潔性)의 문제다.

먼저 우선순위의 문제를 살펴보자. 신약성경 저자 중 유일하게 유대 출신이 아니고 유대 전승에 의하면 시리아 출신인 의사 누가는 그의 복음서 12장 34절에서 "너희 보물 있는 곳에는 너희 마음도 있으리라"라는 주님의 말씀을 기록했다. 기업 경영의 목표는 수익 창출이며 유능한 경영인은 이윤을 내는 사람이다. 그렇다면 비즈니스 선교를 하는 경영자는 어디에 우선순위를 두어야 할까?

내가 P국에서 경영하던 사업체가 한국에서 홍삼을 수입할 때의 일이다. 통관 과정에서 현지인 세관원은 뒷돈을 100만 원을 주면 관세를 500만 원 감해 주겠다고 했다. 가치관의 충돌이 생기는 순간 나는 주저없이 대답했다. 정부가 발행하는 영수증의 금액만큼 세금을 내겠다고. 그러자 그는 상대하지 못할 사람이라고 혀를 찼지만, 함께 갔던 현지인 직원에게는 선한 영향력을 끼치게 되었다. 돈과 사역 (Money vs. Mission), 이 둘은 늘 긴장과 다툼 가운데 공존하지만, 비즈너리의 우선순위는 반드시 항상 선교여야 한다.

다음으로 정직성 내지 염결성의 문제를 보자. 비즈니스 선교 사역을 중심 사역으로 하는 선교단체는 이 부분을 아주 중요시한다. 비즈니스 사회에는 소위 '도덕적 해이'(moral hazard)가 여기저기 지뢰처럼 퍼져 있기 때문이다. 크리스천이라면 정직성과 염결성은 그의 인생에서 가장 중요한 가치관의 하나여야 한다. 그런데도 선교사가 현지인의 임금을 착취한다든지 갖가지 부정한 방법으로 돈을 벌어 그것으로 사역지에서 호사스러운 생활을 한다면 어떨까? 나는 어느 비즈니스 선교사가 부동산에 투자하여 큰돈을 벌고는 현지인 기준 상류층이 되어 호사스럽게 사는 것을 보았다. 현지인들과 현지에 있는 동역 선교사들이 볼 때 어떤 마음이 들었을까? 하나님이 기뻐하셨을까?

이 두 가지 문제, 즉 우선순위와 정직성 내지 염결성의 문제는 누가복음 12장 34절의 '보물'을 무엇으로 보는가에 따라 풀기 쉬운 문제가 될 수 있기도 하다. 보물을 세속적 욕망의 단위인 돈으로 보지 않고 사역과 이웃 사랑에 필요한 물질로만 본다면, 또한 보물을 내 마음속에 모시고 사는 예수 그리스도로 생각한다면 얼마나 감사하고 평안하고 은혜로운 사역이 되겠는가?

비즈너리로의 부르심

비즈너리는 타 문화권(여기에서는 국내에 있는 타 문화권이 아니라 해외 타 문화권을 지칭한다) 선교사로 파송되어 선교적 기업을 창업 또는 경영하는 사역자를 말한다. 이러한 비즈너리의 부르심은 어디서부터 시작되는가를 살펴보자.

만남

비즈너리로의 부르심은 가장 먼저 하나님과의 인격적인 만남에서 비롯된다. 하나님과의 만남은 십자가에서 나의 모든 죄를 씻어 주신 예수 그리스도를 믿는 믿음을 통과해야 한다. 믿음은 하나님의 은혜로 말미암아 소유하게 된다(엡 2:8). 하나님의 은혜는 성경 말씀과 성령의 역사로 인하여 샘솟는다. 하나님의 말씀인 성경을 읽고 바르게 해석하고 묵상(QT)하고 기도하는 가운데 주님과 동행하며 성령의 인도하심을 따라 사는 삶, 이런 삶을 사는 중에 양치기 소년 다윗이 들에서 일하다가 왕으로 부르심을 받은 것처럼, 어느 날 삶의 현장에서 또는 기도 중에 성령 하나님이 비즈너리로 부르시는 음성을 듣게 된다.

우리 인생을 비즈너리로 변화시키는 두 번째의 만남은 교회와 잘 준비된 선교단체, 그리고 말씀에 순종하여 사는 영적 멘토와의 만남이다. 이 중에 무엇보다 영적 멘토와의 만남이 중요하다 하겠고, 선교를 최상의 비전으로 가진 교회와의 만남, 그리고 시대적 요구에 부응하여 비즈니스 선교를 핵심 사역으로 하는 선교단체와의 만남은 한 사람을 비즈너리로 변화시키는 방향타가 된다.

훈련

투철한 사명감이 있는 선교단체인 열방네트웍이 그동안 코로나 팬데믹으로 중단했던 대면 선교사 훈련을 재개했다. 훈련받지 않고 선교사가 되는 길은 없다. 선교사 가운데에도 비즈너리는 특히 강하고 독특한 주님의 군사이기에 강하고 독특한 훈련을 받는다. 비즈너리가 되기 위한 훈련에는 성경 공부, 제자훈련 등의 영성 훈련, 그리고 언어 훈련과 직업 훈련을 포함하는 선교사 훈련 등이 있는데, 이런 훈련들이야말로 비즈너리가 필수적으로 갖추어야 할 선교사의 영성과 정체성과 전문성을 심어 주고 키워 준다. 강한 군사는 훈련으로 만들어짐을 잊지 말자.

비즈너리의 기본 품성

모든 크리스천은 성령의 열매를 맺으며 살도록 부르심 받았다. 그런데 비즈너리는 사도 바울이 갈라디아서 5장 22-23절에서 말씀한 성령의 아홉 가지 열매(사랑, 희락, 화평, 오래 참음, 자비, 양선, 충성, 온유, 절제) 위에 크게 세 가지의 품성을 더 지녀야 한다. 그것은 선교사로서의 영성과 정체성, 그리고 전문성이다.

영성(spirituality)

선교사가 되기 위해서 가장 중요한 것은 두말할 것도 없이 영성(靈性)이다. 영성이란 얼마나 하나님을 사랑하는가, 얼마나 예수님 닮은 삶을 살아가는가, 성경 말씀에 순종하는가 하는 것이다. 한마디로 주님과 동행하며 하나님이 기뻐하시는 길, 좁은 문 좁은 길을 가는 것이 영성이다.

LA 동양선교교회 강준민 목사는 그의 저서 《뿌리 깊은 영성》에서 영성은 곧 버리고 비우고 떠나는 것이라고 했다. 예수님은 하늘 보좌를 버리고, 하나님의 외아들이라는 존귀한 신분을 버리고, 우리를 죄에서 구원하기 위해 이 땅에 오셨다. 그분은 자신을 비워 종의 형체를 가지셔서 사람들과 같이 되셨고, 십자가에 죽기까지 복종하는 절대 순종의 종이 되셨다(빌 2:7-8). 아브라함은 부르심에 순종하여 갈 바를 알지 못한 채 본토, 친척, 아버지 집을 떠났다.

이처럼 선교사도 고향이나 고국을 떠나는 것을 두려워하지 말아야 하고, 탐심과 정욕과 세상에 대한 미련을 버리고 빈 마음으로 살아야 한다. 무슨 일에든지 예수님이라면 어떻게 하실까를 먼저 생각하고 목숨까지도 바치며 하나님의 말씀에 순종해야 한다. 이것이 비즈너리로 부르심 받은 선교사의 영성이다.

깊은 영성을 가진 선교사가 되기 위해서는 하루 24시간(일주일 168시간)에서 시간의 십일조를 기도와 예배, QT와 성경 읽기에 드려야 하며, 하나님 사랑, 현지인 사랑, 동역자와 가족과 교회 사랑과 함께 삶을 거룩한 산 예배로 드리는(롬 12:1) 예배자의 마음가짐을 잃지 않도록 노력해야 한다.

정체성(identity)

둘째는 정체성이다. 진정한 비즈너리라면 날마다 자신에게 물어야 한다. '나는 선교사인가, 비즈니스맨인가?' 조금 더 나아가서 '나는 기업인으로서 선교사 노릇을 하는가, 선교사로서 기업을 경영하는가?'를 묻고, 주님은 "너희가 하나님과 재물을 겸하여 섬기지 못하느니라"(마 6:24)라고 하셨는데, 혹시 재물을 하나님보다 우위에 두지는 않는지를 물어야 한다.

사실 기업인으로서 선교사 노릇을 한다면 기업 이윤의 창출 및 증대가 우위에 있고, 사역은 그다음이 될 수밖에 없다. 반면 선교사로서 비즈니스를 한다면 내가 무엇을 하러 복음의 불모지인 이 땅에 왔는가를 먼저 생각하게 되기 때문에 이윤보다 관계, 수익보다 복음에 우선순위를 두게 되고, 경영 전략이나 영업 방침도 자연스럽게 하나님 중심이 된다. 선교사로서의 비즈니스맨은 내가 채용한 현지인 직원에게 복음적인 삶의 본을 보여야 하고, 내가 늘 만나는 거래처 사람에게 그리스도의 겸손하고 온유한 성품으로 다가가야 한다.

나는 인구의 95%가 무슬림인 이슬람 국가에서 비즈너리로 사역할 때 사무실 가장 잘 보이는 곳에 이렇게 사훈을 써 붙였다.

"Glorify God, Satisfy Customer!"

사역지에서는 저 외국인이 왜 이 나라에 와서 사업을 할까 하고 경계하는 눈으로 사역자를 바라본다. 그러니 더 열심히 또 조심히 사역과 사업에 임해야 한다. 매일 아침 기도 때마다 성령 충만과 뱀 같은 지혜와 비둘기 같은 순결함을 구하면 하나님께서 그때그때 할 말을 입에 담아 주시고 상대방이 신뢰하는 마음을 갖게 해주신다.

세상에 죄 없는 사람이 없듯이 문제 될 것이 없는 기업은 없다. 아무리 작은 기업이라도 차려 놓고 출근해 보면 매일 문제가 발생한다. 오래된 문제가 먼지처럼 쌓여 있기도 하고, 내일 당장 회사 문을 닫을 위기가 오기도 한다. 그러나 하나님이 나의 방패이시요 나의 피난처 되심을 100% 신뢰하는 선교사라면, "하나님을 사랑하는 자 곧 그의 뜻대로 부르심을 입은 자들에게는 모든 것이 합력하여 선을 이루느니라"(롬 8:28)라고 하시는 하나님을 확신하고 그분만 의지하는 비즈너리의 정체성만 확실하다면 큰 문제 없이 선교를 위한 비즈니스를 해나갈 수 있을 것이다.

전문성(professionalism)

"저는 아무 기술이 없습니다. 최근에 네일아트(Nail Art) 하나를 배웠을 뿐입니다. 그런 저도 비즈니스 선교를 할 수 있나요?"

 몇 해 전 선교한국대회에서 만난 어떤 자매의 질문이다. 나는 반색하면서 이렇게 대답했다.

 "아주 훌륭한 기술입니다. 제가 있는 P국 같은 경우 잘사는 부인들이 집에서 손톱 다듬기를 받는다면 아주 좋아할 것입니다. 훌륭한 비즈니스 선교 방법이 되겠는데요."

 네일아트를 해주며 조용한 집 안에서 은밀한 교제 가운데 복음을 전한다면 얼마나 좋겠는가?

 지금 해외 이슬람권에는 할 일도 많고 할 수 있는 사업도 많다. 내가 아는 한 선교사는 자동차 정비 기술을 배워서 나왔고, 목회자 선교사 한 사람은 한방 치료로 근사한 비즈너리가 되었다. 대학에서 한국어를 가르치던 나에게 한 현지인 교수는 자기에게 태권도를 가르쳐 준 한인 사범의 말이라면 뭐든지 다 듣겠다고 하였다. 거기에 요즘은 한국어와 한류(K-Culture)가 인기다. 바야흐로 한국인이라면 무슨 기술이든지 사용하여 비즈니스 선교 사역을 할 호기인 것이다.

 전문 지식을 활용하여 복음을 전하는 선교사들을 전문인 선교사라 부르는데, 대부분 비즈너리다. 비즈너리에게 있어 전문성은 영성과 정체성 못지않게 요긴하다. 나는 금융기관에서 외국환 업무를 하면서 무역사 자격증을 취득했기에 P국에서 비즈니스 선교를 온전히 감당할 수 있었다. 한국어 교수를 하면서 동시에 무역회사를 하나 차려 한국에서 홍삼을 수입하여 판매했다. 또 한국으로 소가죽을 수출하는 에이전트를 하여 무역업에서 생기는 수익을 기독 초등학교 설립에 투입했다. 그리고 이 학교에서 문맹 퇴치 및 성경 공부까지 진행하여 그 학교 출신자가 사회에서 지도자가 되고, 나아가 중동에 복음을 전하는 선교사로 육성되는 비전을 품었다. 비즈너리는 이렇게 자기의 전문성을 활용하여 다양한 선교 사역을 펼칠 수 있다.

훈련

그러나 비즈너리, 하나님이 기뻐하시는 크리스천 사역자, 부단히 하나님 나라를 확장해 가는 전문인 선교사가 되기 위해 꼭 필요한 것이 있다. 바로 훈련이다. 훈련받지 않고는 선교사가 될 수 없다. 비즈너리로서의 부르심에 합당한 열매를 맺을 수도 없다. 어떤 훈련이 필요할까? 앞에서 말한 영성 훈련에 확고한 정체성 훈련이 필요함은 물론이다. 거기에 더하여 꼭 강조하고 싶은 훈련이 언어 훈련과 전문적인 직업 훈련이다.

언어 훈련부터 보자. 우리 한국어도 이제 세계로 많이 퍼져 나가고 있지만 보편화된 세계 공용 언어는 영어이다. 국제 선교단체는 보통 6개월에서 1년 이상 영어 훈련을 한다. 선교지에서 영어를 못 하거나 알아듣지 못하는 한국인 선교사들을 가끔 보는데 이것은 문제가 아닐 수 없다. 모든 선교사 지망생, 특히 비즈너리로 부르심 받은 선교사 또는 선교사 지망생이라면 영어로 소통하는 수준의 훈련이 반드시 필요하다.

다음으로는 현지어 훈련이다. 내가 사역하던 나라에서는 공용어가 영어지만 현지 기업인들은 "영어를 하면 거래가 시작되고, 그 나라 말을 사용하면 계약이 성사되고, 그 지방 사투리를 사용하면 거래가 활발해진다"라고 말했다. 맞는 말이다. 그 지방 사투리까지 배워서 써먹을 때 현지인들의 마음을 살 수 있는 법이다. 현지어(현지 국어와 방언)는 현지에 파송되어 배우게 된다. 각 선교단체에서 사역 준비 기간에 현지어를 배우도록 2년 내외의 시간을 주는 것도 이 때문이다.

이번에는 직업 훈련을 살펴보자. 이미 태권도를 배운 사람이라도 현지인을 가르칠 만큼 더 배워야 하듯이, 모든 직업 기술에 있어서 현지인을 가르칠 정도로 완숙의 경지에 이르도록 준비해야 한다. 바리스타와 베이커리 기술이 그러하며, 특히 컴퓨터 엔지니어 등 정보 관련 업종의 전문 기술과 농업 기술 등은 반드시 국내에서 충분히 습득하고 나가야 한다. 의사, 간호사, 한의사 등 의료 영역은 현지의 필요가 절대적이므로 별도의 직업 훈련은 더 받지 않더라도 국가별 사역 허용 기준은 살펴보아야 한다.

결언(Conclusion)

복음이 들어가야 할 선교지마다 높은 장벽이 쳐진 이 시대에는 장벽을 넘는 전문인 선교사가 필요하다. 전문인 선교사 가운데에도 비즈너리는 하나님의 특별하고도 자비로운 부르심을 입은 선교사다. 영성이 깊고 선교사로서의 정체성이 확고한 사람, 거기에 더하여 사역적 전문성으로 잘 준비된 사람을 하나님은 오늘도 찾고 계신다.

전문인 선교의 요람이고 비즈니스 선교 사역의 본산(本山)이라 할 수 있는 열방네트웍(ANN), 실크로드를 중심으로 복음이 필요한 지역마다 장벽을 넘어서라고 외치는 열방네트웍이 창립 30주년을 맞았다. 새로운 2기 사역을 준비하는 열방네트웍에서 사역의 핵심 가치인 성령 사역, 현지인 중심, 팀 사역을 성령과 지혜가 충만한 비즈너리들을 통해 펼쳐 나가기를 기대한다. 그리고 모든 비즈너리가 사도 바울의 다음 고백을 자신의 고백으로 삼고 사역하기를 기도한다.

"내가 달려갈 길과 주 예수께 받은 사명 곧 하나님의 은혜의 복음을 증언하는 일을 마치려 함에는 나의 생명조차 조금도 귀한 것으로 여기지 아니하노라"(행 20:24).

- 남필립(선교사, 열방네트웍 사역자문위원)

3장

비즈너리들의 고백

꿈꾸던 비즈너리를 만나다

'나는 직장에 보냄 받은 선교사다!'

이 정체성은 내 신앙의 기초를 놓아 주고 나를 전도자요 사역자로 성장하게 해준 직장인 성경 공부 모임(BBB, Business Bible Belt)의 철학이다. 내가 다니던 직장에는 선교사도 목사님도 들어와 전도할 수 없었다. 다만 그곳에서 일하는 그리스도인들에게만 복음 사역이 허락되었다. 나는 선교사로서의 정체성을 가지고, 선교단체를 검색하고 찾아가서 선교 관심자 훈련을 받았다. 하지만 그 어디에도 BBB 철학을 가진 곳은 없었다. 훈련받았던 한 전문인 단체는 단지 신분 위장을 위한 수단으로만 직업을 갖는다고 했다.

그러던 중 비전트립을 간 지역에서 ANN을 만났다. 실제로 비즈니스를 하며 사역을 모범적으로 잘하고 있다는 말을 전해 들었다. 귀국

하자마자 검색해 봤지만 찾지 못하다가, 선교한국 사이트의 공지란에 한 줄 올라온 제목에서 ANN이라는 단어를 발견했다. 처음 ANN 선교회를 방문했던 그날은 대표 선교사님의 강의가 있던 날이었다. 카랑카랑하고 자신감 넘치는 목소리가 아직도 생생하다.

"우리는 100% 비즈니스맨, 100% 사역자입니다. 우리는 200%의 삶을 살아내야 합니다. 그래서 마지막 산지 실크로드를 복음으로 변화시켜야 합니다!"

가슴이 뻥 뚫리는 듯한 도전이었다. '세상에 200%라니! 과연 가능할까?' 그래서 물었다. "그것이 선교지에서 가능합니까? 실제로 하고 있습니까?" "네! 그렇습니다!"

더는 고민할 필요가 없었다. ANN이 좁은 사무실을 사용하는 것도, 그마저도 언덕길을 한참 올라가야 한다는 것도, 한 번도 들어 본 적이 없는 단체라는 것도, 또한 뭔가 있어 보이는 국제 단체가 아니란 것도 더는 문제가 되지 않았다. 나는 확신했다. '바로 이곳이다!'

그 확신처럼 나는 비즈너리의 훈련을 받고 비즈너리고 살아가고 있다.

- 주드림(선교사)

열방네트웍의 훈련

열방네트웍(ANN)의 선교사가 되려면 ANN 정규 선교사 훈련(Businary School) 과정을 거쳐야 한다. 현재는 국내 훈련 12주와 그 후 해외 훈련 4주로 구성되어 있다.

비즈너리로 거듭나기 위한 훈련

내가 섬기던 교회 담임 목사님의 배려로 나는 주중에는 서울 ANN 훈련원에 올라가서 선교 훈련을 받고, 주말 저녁에는 대구로 내려와서 주일 교회 사역을 한 후 월요일 새벽에 선교 훈련을 받으러 다시 서울로 가기를 6개월가량 반복했다.

그때 당시 내가 받은 ANN 정규 선교사 훈련의 내용은 크게 네 부분으로 구성되어 있었다.

첫째, 기본 훈련이다. 큐티 및 새벽예배, 관악산 등반, 강의, 소그룹 모임, 독서 및 과제, 성경 통독, 기도회 등으로 진행되었다. 기본 훈련은 비즈너리로서 실패하지 않도록 경건한 생활 습관과 역량을 기르기 위한 공동체 생활 훈련이 포함되어 있었다. 훈련생들이 같은 공간에서 함께 생활하면서 순번을 정해 식사 및 설거지를 담당하면서 주어진 역할을 성실히 감당해야 했다.

둘째, 노동 훈련이다. 1개월가량의 기본 훈련이 끝나면 두 주간의 노동 훈련이 시작된다. 이 기간에 훈련생들은 인력시장을 통해서 각자가 노동할 일자리를 구해서 땀 흘려 일을 하면서 돈을 벌어야 한다. 형제들은 대부분 건설 현장에서 노동 일을, 자매들은 대부분 식당에서 설거지나 홀서빙을 하면서 노동 훈련 다음에 이어질 창업 훈련을 위한 종잣돈(seed money)을 모은다.

새벽 5시쯤 인력 사무소에 도착해야 그날의 일자리를 배정받을 수 있다. 나는 노동 훈련 기간에 철거, 설비, 난방, 인테리어, 에어컨 설치, 목수 보조 등 다양한 분야의 노동을 경험했다. 이 땅에 오셔서 30세 이전까지 요셉의 아들, 목수로서의 삶을 사셨던 예수님의 삶을 좀더 깊이 느끼며 묵상할 수 있었다. 노동 훈련 기간에도 기본 경건 훈련과 과제는 꾸준히 이어가야 했고, 노동 훈련 이후에 있을 창업 훈련 준비도 병행해야 했다.

셋째, 창업 훈련이다. 창업 훈련은 약 3~4개월간 진행된다. 그간의 강의와 훈련으로 배운 내용을 바탕으로 팀원들이 함께 비즈니스 미션 프로젝트를 만들어 실제 창업을 경험해 본다. 종잣돈이 그리 넉넉하지 않기 때문에 대부분 노상에서 장사를 하는데, 여기서 벌어들인 수익금으로 이다음에 있을 선교 여행을 다녀온다.

팀원들이 함께 창업 아이템을 선정하고 나면, 새벽 일찍 동대문 시장에 가서 판매할 물건을 떼어와야 한다. 오전에는 훈련원에서 강의와 과제가 이어지고, 점심을 먹고 난 후 판매할 물품을 가지고 지하철역 근처에 가서 자리를 잡아 매대를 펼치고 물건을 판매한다. 이때 기존에 자리 잡고 있던 다른 노점상들과 마찰이 일어나기도 한다. 나는 노점 단속을 나온 공무원들과 실랑이를 벌이다가 쫓겨나는 경험도 여러 차례 했다.

창업 훈련 기간에는 특별한 재미가 있기도 하지만, 훈련생들이 가장 많이 예민해지고 팀원들 간에 갈등도 많이 생기는 것 같다. 이때쯤 되면 빠듯한 하루 일정으로 체력적 한계에 부딪히기도 하고, 노동 훈련으로 힘들게 벌어들인 각자의 수입을 투자해야 하므로 창업 아이템 선정에서부터 물품 구입, 가격 설정, 매대 장식, 마케팅 등 다양한 부분에서 의견을 조율하느라 극심한 마찰이 일어나기도 한다.

4개월간의 창업 훈련, 난생처음 가장 밑바닥에서부터 창업을 준비하고 실행해 본 경험은 내 인생에 너무나 소중한 자산이 되었다.

넷째, 선교 여행이다. 그 당시에 나는 부교역자로 섬기던 교회로부터 이 선교 훈련을 위해 일정 기간의 시간을 특별히 할애받은 것이었기 때문에 어떻게 해서든지 주어진 기간 안에 훈련을 마쳐야만 했다. 당시 선교회 리더들이 이런 나의 상황을 이해하고 허락해 주어서 2주간 A국 선교 여행을 다녀왔다. 당시 A국에서 선교 사역을 감당하고 있던 ANN 선배 사역자들이 나를 따뜻하게 맞아 주고 내가 여러 미션을 수행하도록 배려해 주어, 마지막 선교지 선교 여행까지 마치고 선교 훈련을 잘 마무리할 수 있었다.

훈련의 유익과 적용

정규 선교사 훈련을 통해서 선교사 훈련생이었던 나는 비로소 비즈너리로서의 정체성을 확립하기 시작했다. 세상에 존재하지만 세상에 속하지 않고 세상을 변혁시키고자 하는 비즈너리로서의 삶을 추구할 수 있게 되었다.

훈련을 수료하고 나서 5년의 세월이 지난 후에야 우리 가정은 파송을 받아 선교지로 나왔다. 선교 초기에 정착 및 언어 학습 기간에 스스로 요식업, 숙박업, 교육사업 등의 분야에서 훈련 기간에 배웠던 시장 기회 발견 보고서를 작성해 보며 다양한 사업 아이템을 연구했다. 현지에 적합한, 그리고 지속과 확장이 가능한 여러 비즈니스 아이템을 모색하던 중 한 아이템에 팀(부부)의 마음이 모였다. 비즈니스 미션 프로젝트의 툴(tool)로 다듬으면서 사업 계획을 구체화시키는 과정을 거치면서 지금의 '아트플러스 센터'라는 사업장을 선교지에 오픈하였다.

이 사업을 준비하는 과정에서부터 현지에 세팅하기까지 ANN 본부와 소통을 하면서, 이사회 및 비즈니스 미션 네트워크로부터 여러 적절한 조언과 지도를 받을 수 있었기에 별다른 시행착오 없이 순조롭게 사업을 펼쳐 나갈 수 있었다.

- 주재림(선교사)

시골 촌놈, 비즈너리로 거듭나다

복음을 만나 새로운 길을 걷다

어느 날 전도에 열정적이고 세계 선교에 비전을 가진 금은방 사장님이 나에게 선교에 대한 비전을 나누며 BTC(현 ANN) 선교회 훈련을 권하셨다. 신앙의 초년생인 내가 할 수 있을까 의문이 생기고 걱정되었지만, 하나님을 알아 갈수록 복음에 대한 갈망이 더하던 시기였기에 순종함으로 따랐다.

두려움과 떨림과 기대와 소망을 품고 새로운 도전의 발걸음을 내디디며 서울로 갔다. 나는 7기 훈련을 받았는데 당시 22세로 합숙 훈련생 중에 가장 어렸다. 그때 선교 훈련을 위해 들어온 훈련생들은 대부분 나보다 학력, 사회적 배경, 선교적 헌신과 준비 등 여러 가지 면에서 훨씬 준비된 형님들이었다. 나는 너무 어렸고 신앙과 사회적 경험도 일천하던 때라 공동체 생활을 한 그곳은 선교 훈련소였을 뿐만 아니라 인생 초년생의 배움터이기도 했다.

선교 훈련은 예상대로 쉽지 않았다. 실제적 삶이요, 생존 생활 자체가 선교 훈련이라는 점에서 다른 단체의 훈련과는 차이점도 많았다. 오리엔테이션을 거친 후 첫 단계로 새벽부터 큐티 훈련을 하고 인력소를 찾아가 막노동을 하면서도 이동 중에는 늘 성경 암송 카드를 가지고 매일 주어진 분량을 암송해야 했다. 저녁에 돌아와서는 여러 강의와 평가회, 기도회를 했다. 초창기에는 모두 무일푼으로 시작하였기 때문에 당시 공식 훈련 노동일은 한 달 정도였지만 이후에도 생계를 위해 인력 사무소를 자주 찾았다.

그렇게 해서 종잣돈이 준비되면 2~3명이 팀을 이루어 그동안 시장 조사 했던 아이템 가운데 우리가 사업을 할 품목을 정하고, 새벽에 동대문 시장, 남대문 시장에서 도매로 물품을 산 후 주로 노상에서 판매하였다. 이러한 모든 훈련 과정이 내성적이었던 나에게는 곤욕이었다. 최소한의 비용으로 최대의 효과를 얻는다는 전략을 선교 훈련 기간 내내 배우고 익혔다. 몸으로 부딪치고 돌파해서 이겨 내고 꿋꿋하게 살아남는 훈련이었던 것 같다.

비즈너리 삶의 실체를 맛본 현지 훈련

단체에서는 1995년경부터 선교 훈련을 수료한 선배들을 선교 현지로 파송하기 시작했다. 단체의 큰 지역적 전략지로 1차는 중국이었고, 궁극적으로는 무슬림 지역 선교를 목표로 했다.

훈련 과정 중에 두 차례 현지 탐방을 했는데, 우리는 중국 지역으로 갔다. 1차로 가장 더운 8월에 무더위가 가장 심한 중국의 남방 지역(홍콩-선전-광저우-난창-우한-창사-청두-구이저우-쿤밍-광저우-선전-홍콩) 탐방을 다녀왔고, 2차는 겨울인 2월경에 가장 추위가 강한 서북 지역(상하이-난징-정저우-시안-란저우-내몽골-시안-톈진-베이징-선양-다롄)을 중심으로 탐방하였다.

지금 돌아보면 당시 여행길은 참 무모하고 무대책에 가까웠다. 당시는 중국의 교통이 현재처럼 체계화되기 전이어서 기차표를 구하거나 현지 버스를 이용하기가 어려웠다. 우리 팀원 중에 중국어를 조금

할 줄 아는 사람이 한 명 있을 뿐, 나머지는 중국어를 전혀 몰랐다. 현지에서는 영어로 소통하기도 힘들었다. 그런 와중에 타 문화 지역 탐방인데도 한국에서 옷, 액세서리 등의 한국산 공산품을 몇 가방씩 손에 들고 다니며 탐방 여행 동안 현지의 기차 안에서, 상가 근처에서 자리를 펴고 팔아 여행 경비를 충당해야 했다. 언어 소통이 안 되니 판매 활동도 거의 보디랭귀지로 이뤄졌고, 중국 공안의 단속에 도망 다니기도 했다.

탐방 기간에 많은 은혜와 에피소드가 있었다. 언어 소통이 어려우니 기차표를 구매하는 과정은 늘 긴장의 연속이었고, 목적지에 도착 후 갈 바를 몰라 헤맬 때마다 하나님께서는 하늘의 천사와 같은 현지인들을 만나게 하시고 하나님의 동행을 직접적으로 경험하게 하셨다. 현지 탐방의 모든 과정에서 이 민족과 영혼들에 대한 하나님의 긍휼을 배웠다. 이 사람들에게 당장의 필요는 의식주 문제 해결이지만, 궁극적으로는 예수 그리스도의 복음의 진리만이 인생의 참 평안과 소망이 된다는 사실을 절실히 깨달은 여정이었다. 그 모든 상황을 통해 하나님께서 나를 선교적 삶으로 부르신다는 것을 확인하게 되었다.

하나님께서는 이 광야와 같은 기간 동안 많은 믿음의 선배들을 만나게 하셔서 좋은 훈련과 도전을 주셨고 이를 견디며 꿋꿋이 걸어가는 법을 배우게 하셨다. 그리고 마침내 1999년 8월, 내 나이 26세에 여행 가방 하나와 크지 않은 배낭을 짊어지고 드디어 선교지 현장으로 떠났다!

- 고요한(선교사)

비즈너리의 강점과 차별성

현재 남아 있는 미전도 종족 대부분은 10/40 창 안에 위치하고 있는데 이곳은 전통적인 방법으로는 이제 접근하기가 힘들다. 실제로 우리 가정이 사역하고 있는 이 땅에도 비자가 없어 어려움을 겪는 선교사가 매우 많다. 또 사업체를 운영한다면 실제로 수익이 나야 한다. 운영체가 페이퍼 컴퍼니이거나 일정 금액 이상 수익이 없으면 비자 갱신이 어렵다. 결론적으로 선교사들이 실제로 비즈니스를 해야 한다는 말이다.

열방네트웍 선교사들은 비즈니스를 하면서 삶의 현장에서 복음을 전하고 제자를 양육하는 사역을 한다. 실제로 그런 삶을 살아내고 있으며, 열방네트웍의 선교 현장마다 비즈너리로서의 몸부림이 있다. 그래서 열방네트웍 공동체 안에는 이런 삶을 이해하고 지지해 주는 이사회를 비롯하여 여러 멘토 그룹이 있고, 이런 동질성이 우리로 하여금 서로 위로하며 깊이 이해하게 해준다.

사업가이자 선교사라는 험난한 길을 걸어가며 하루하루를 살아내야 하는 치열함 속에는 주님만 아시는 눈물이 있고, 동시에 영혼을 낚는 어부로서의 수고와 섬김이 있다. 여기에 이 길을 함께 걸어가는 공동체 동료와의 깊은 동지애는 큰 위로를 준다.

내가 보아 오고 경험해 온 바대로 솔직히 말하자면, 열방네트웍의 선교사로 부름 받아 사역하는 것은 결코 쉬운 일이 아니다. 막힌 산지를 뚫기 위해서는 적당한 성격과 근성, 온갖 풍파를 견딜 에너지, 내공이 필요한데, 우리는 영혼을 구원하며 제자 삼는 일도 해야 한다. 이 모든 것을 수행하기 위해서는 다듬어진 열정과 부족한 성품이 온전해지는 변화가 필요하다. 열방네트웍 선교사들은 넘치는 수고를 하며 선교 현장에서 비즈너리로서의 삶을 살아가고 있다. 어떤 상황에도 현장을 단단히 지키며 치열한 전쟁터에서 고군분투한다.

> "그러나 내가 나 된 것은 하나님의 은혜로 된 것이니 내게 주신 그의 은혜가 헛되지 아니하여 내가 모든 사도보다 더 많이 수고하였으나 내가 한 것이 아니요 오직 나와 함께하신 하나님의 은혜로라"(고전 15:10).

이런 은혜의 고백이 우리 가운데 가득하다

열방네트웍의 훈련생들은 사역지에 파송되기 전에 본부에서 합숙 훈련을 한다. 그 훈련은 사역지에서 실제로 그런 삶을 치열하게 살아갈 수 있는 역량을 구비하도록 준비시켜 준다. 열방네트웍의 합숙 훈련은 보통의 선교 훈련에 비해 생소하며, 책상에 앉아서만 하는 것이 아니라 현장에 나가 실제로 경험하고 체험하게 한다. 삶의 현장에 나가 밑바닥부터 할 수 있는 일들을 하며 '무'에서 '유'를 만드는 창조의 능력을 경험하게 된다.

나 역시 태어나서 처음으로 인력시장을 통해 식당 설거지, 서빙, 공장일 등을 하며 눈물을 흘린 경험이 있다. 이러한 노동을 통해 재정을 모으는 1차원적인 것에서부터 일터에서 만나는 많은 사람, 동료, 상사와의 관계를 배우고, 내 전공이 아니고 나와 상관도 없던 일을 통해서 스펙트럼이 넓은 다양한 경험을 했다. 이를 통해 사교성, 관계 기술, 체력, 아무것도 없을 때도 시도할 수 있는 자신감과 역량을 키울 수 있었다.

열방네트웍은 하나님을 위해서 살고 싶고, 자신의 인생을 전임 사역으로 드리고 싶어 신학 공부를 고민하며 갈등하는 많은 사람들에게 새로운 길을 제시한다. 이제 세상의 남은 산지는 더는 전통적인 선교로 접근할 수 있는 곳이 아니다. 우리가 가진 무기로 복음을 전하며 그들의 필요를 채우고 삶을 윤택하게 해줄 대안을 제시함으로 나아갈 수 있다.

열방네트웍의 문은 그렇게 살기를 소망하는 사람들에게 언제나 활짝 열려 있다. 늦은 때와 늦은 나이는 없다. 결단하고 움직이는 지금이 바로 하나님의 열심이 나의 삶 가운데 구체적으로 시작되는 때이다.

Right now!

Let's go to the world together with a new name!

- 이기쁨(선교사)

4장

그냥 같이 살려고요

　비즈너리로 파송되어 처음 발을 내디뎠던 홍콩에서 예기치 않게 신학을 하게 되었다. 입학 면접을 보면서, 나는 졸업 후에 내륙에서 일하기 위해 공부하려 한다고 했다. 그 당시 신학원에는 광동어부와 영어부가 있었는데 난 영어로 수업을 들었기에 광동어부 교수님들은 직접 대할 기회가 없었다.

　2학년 개강을 앞두고 진행된 MT에서 광동어부 사이먼 교수와 대화할 기회를 얻었다. "레베카, 네가 내륙으로 들어갈 계획이라고 들었는데 아직도 그러니?" "네." "넌 한국인이고 싱글 여성인데 왜 그곳으로 가려 하지? 난 중국인이고 내륙에 공식 강의 차 자주 왔다 갔다 하면서도 그곳에 들어갈 생각을 못 하는데…." "교수님, 제가 특별하거나 특출나서 가려는 것이 아니라 그냥 그곳 사람들과 함께 살고 싶어서 가려는 거예요. 제가 누군가의 사랑으로 복음을 듣고 예수님을 만난 것처럼, 저도 그저 그 누군가가 되길 바랄 뿐이에요."

난 고등학교 1학년 때 예수님을 만났다. 내가 알지 못하는 수많은 사람의 사랑으로 변방이었던 대한민국 지방 도시에 사는 나에게까지 복음이 전해졌다는 사실에 늘 감격했고, 나도 그 수많은 사람 중에 누군가가 되길 원했다.

선교의 자리에 서다

오래전 독일 남부의 헤른후트(Herrnhut) 지역을 방문했다. 그곳은 모라비안 공동체가 시작된 곳이다. 모라비안은 선교란 특정한 사람에게 주어진 전유물이 아니라 예수를 믿고 만나게 되면 피할 수 없는 과제라 생각했다. 모라비안 공동체는 교인 12명 중의 1명꼴로 선교사를 파송하였는데, 첫 번째 선교사들은 목수와 옹기장이로 서인도 제도로 갔다. 이들은 각자의 직업과 전문성을 가지고 선교지에 가서 그 땅에 있는 사람들과 어울려 살면서 예수를 전파했다. 헤른후트에서 만난 모라비안 공동체의 흔적은 내 삶에 큰 영향을 주었다. 그래서 나는 공동체와 자비량과 이민 선교를 꿈꾸는 선교단체 간사로 있으면서 1993년 ANN(당시는 BTC) 단체가 세워질 때 기획 실행 및 홍보와 행정을 담당하는 간사로도 섬겼다.

1996년 Lady BTC 훈련을 받던 중 비즈너리 사역을 위해 의류 무역회사를 준비하던 신갈렙 대표의 긴급 호출을 받고 홍콩으로 갔다. 유행가 가사처럼 별들이 소곤대는 곳인 줄 알았는데, 사무실이 있던 동네는 별 대신 바퀴벌레와 쥐가 우글거렸다. 도착한 다음 날부터 오픈할 매장에서 페인트칠을 하고 때론 창고에 득실거리는 바퀴벌레를 쓰레받기로 퍼내며, 비즈너리의 삶은 화창한 봄날을 위해 봄을 시샘하는 꽃샘추위로 단련해야 함을 깨달았다. 이때 습득한 페인트칠 기술은 훗날 어느 곳에서든 두 손 걷어붙이고 일할 자신감을 주었다. 그러나 오전에는 언어를 배우고 오후에는 사무실에서 일하고 늦은 저녁 집에 돌아가 저녁을 먹고 나면 10시가 훌쩍 넘었다. 언어 학습량은 점차 늘어가는데 몸은 피곤하고 따로 공부할 시간이 나지 않아 조급해졌다.

그러던 중, 지인을 만나러 내륙 W시에 갔다가 돌아올 때 항공기가 연착되었다. 부족한 언어 실력으로 비행기를 놓칠까 촉각을 곤두세우고 5~6시간을 속수무책으로 화장실도 가지 못하고 기다리다가 비행기를 탔다. 하필 내가 한가운데 앉았는데 우측에 앉은 사람은 지쳤는지 타자마자 잠이 들었다. 나는 긴장을 풀지 못하고 습관처럼 종이학을 접고 있었는데, 왼편에 앉아 열심히 묵주를 돌리던 10대 후반의 친구가 말을 걸어왔다. 그가 불교 신자처럼 보이기도 하고 피곤하기도 하여 사실 살짝 귀찮은 생각이 들었다.

그때 문득 내 가방에 넣어 둔 중국어 사영리 소책자가 생각났다. 그 친구에서 사영리 책을 보여 주자 관심을 보였다. 사영리를 쭉 읽게 하고 영접 기도 부분까지 왔는데 비행기가 어느덧 공항에 도착했다. 사람들이 내리려고 짐을 챙기는 어수선한 상황이었지만 그 친구에게 영접 기도를 하겠냐고 물었더니 기꺼이 하겠단다. 우리는 두 손을 잡고 간절히 기도했다. 그렇게 예수님을 영접한 그 친구는 내 손을 꽉 잡고 흔들면서 함께 해관을 나왔고, 마중 나온 가족들에게 이 한국 언니가 자기에게 귀한 선물을 주었다며 자랑했다. 지금도 그때를 생각하면 신기루 같다. 내 안에 아직 누군가의 싹을 틔울 힘이 없었지만, 주님은 그분의 사랑과 힘으로 그 친구 안에서 일하셨다. 삶의 터전을 옮긴 그 땅에서 드디어 나도 누군가에게 복음의 통로가 되기 시작했다.

비즈너리의 삶으로 그들 속에 자리매김하다

선교회에서는 처음으로 홍콩에 '송미'라는 무역회사를 세우고 주로 의류 무역업과 소매 매장을 운영했다. 중간에 단기로 와서 함께한 사역자도 있었지만 처음에는 신갈렙 대표 가정과 싱글 사역자 3명이 일했다. 1996년 말에 시작한 송미 회사는 여러 상황들로 2000년에 사무실만 홍콩에 두고 내륙으로 옮겨 갔다. 내륙에서는 세 가정이 비즈니스와 사역을 함께 했는데, 두 가정은 홍콩에서 하던 의류 무역 사업을 내륙에서도 계속하면서 단기 선교 사역자들과 함께 교회 개척 사역을 했다. 나는 신학 공부와 교회 사역 때문에 잠시 홍콩을 떠났다가, 2004년에 내륙에서 회계 업무로 다시 비즈니스에 동참했다. 개척한 교회에서도 함께 사역했다.

내륙에서 도매 시장과 옷 공장들을 찾아다니면서 물건을 구입해서 한국 등으로 물건을 보내는 일을 주로 했고, 매년 3월에는 홍콩 세무국에 세무 신고하는 일도 하였다. 한국에서 전문적으로 훈련받은 MD가 아니고 맨바닥에서 생존하는 수단으로 시작한 일이었기에 사업을 탁월하게 전개하진 못했다. 하지만 현지에서 발로 뛰고 부딪치면서 습득한 지식과 경험을 통해 그 땅에서 뿌리를 내리고 생존할 수 있었고, 현지 친구들을 만나고 그들과 복음의 교제도 할 수 있었다. 돌이켜보면 이 또한 말로 표현할 수 없는 은혜였다.

우리가 처음 현지 친구들을 만났을 때의 신분은 무역업자였다. 비즈니스 때문에 그들을 만났지만 관계를 맺어 가는 과정에서 신앙을 나눌 수 있었다. 그러면서 우리 모임에 그들을 초청하면서 자연스레 교회가 시작되었다. 그 당시는 내륙이 깨어나는 시기였고, 한국은 그곳보다 발전된 나라로 인식되었기에 비즈니스를 하는 한국인 사업가라는 정체성 덕분에 그들 가운데 자리매김하기가 조금 더 쉬웠던 것 같다. 현지 친구들 중 일부는 우리들을 보면서 무역업을 자신의 업으로 생각하였고, 지금도 그 일을 하는 친구가 있다.

타국에서 일하면서 사역하는 비즈너리의 삶은 결코 쉽지 않았다. 형제들은 타 지역에 가서 물건 아웃소싱을 담당했기에 육체적으로 피곤했겠지만 젊어서 그런지 잘 감당해 주었다. 팀을 이루어 함께 사업도 하고 사역도 한다는 것이 결코 쉬운 일은 아니기에, 때로 마음이 상하기도 했다. 그래도 서로를 인정해 주면서 힘을 냈다. 물건의 양이 많지 않아서 중국 에이전시를 통해 보냈는데, 한번은 그 에이전시가 농간을 부려서 한국 세무국에 벌금을 많이 내야 했다.

우리가 파송받아 나오던 1990년대 중·후반에는 비즈니스 선교가 잘 알려지지 않아서 교회에서 선교사로 인정받는 것이 쉽지 않았고, 비즈니스를 한다는 이유로 후원금을 적극적으로 모금하기도 힘들어 우리 사역자들의 경제 사정은 늘 빠듯했다. 함께했던 두 가정의 형제들은 고단한 비즈니스를 통해 재정의 70~90%를 충당해야 했고, 나는 팀 비즈니스를 통해 50% 정도를 공급받았다. 그래서 일반 사업가처럼 넉넉하진 않았지만 쓸 것이 부족하지 않도록 그곳 상황에 맞게 잘 살아낼 수 있어서 감사했다. 그런 상황에서도 현지 친구들 눈에는 자기들보다는 조금 넉넉한 사업가처럼 보였기에 우리에게 친구처럼 쉽게 다가오지 않았을까.

교회가 나뉘기 전에는 팀 재정에서 예배 처소 임대비와 기본 행사비를 감당해야 했다. 그러다 감사하게도 세 곳으로 나뉘면서부터는 현지 제자들이 예배 처소에서 살면서 스스로 임대료를 충당하여 교회가 어느 정도 자립하기 시작했다. 물론 그 당시 형제자매 대부분이 대학생이거나 사회 초년생, 시골에서 올라와 어렵게 생활하는 친구들이어서 큰 행사의 지원 등은 비즈니스 팀 재정에서 충당하였다. 함께 비즈너리로 일궜던 홍콩 송미는 사역자들의 지역 이동으로 인해 2010년에 없어져, 아쉽게도 현재는 우리의 역사로만 남아 있다.

함께 나누며 그리스도의 교회를 세워 가다

내륙에서는 처음에 집 하나를 임대하여 교회 사역을 시작했다. 그러나 사도행전 8장 1절에서 스데반의 순교 이후 예루살렘 교회에 큰 박해가 있어 성도들이 여러 곳으로 흩어진 것처럼, 우리에게도 비슷한 일이 일어났다. 그 지역 신문에 외국인과의 교류를 금하는 공문이 대대적으로 실린 것이다. 우리는 안전을 위해 교회 처소를 세 곳으로 나누었고, 사역자들이 한 교회씩을 전담하도록 재배치했는데, 이 일로 인해 교회가 오히려 더 확장되고 현지 제자들이 자발적으로 참여하면서 선교의 뿌리를 더 깊게 내릴 수 있었다.

우리는 예배와 성경 공부 그리고 기도회를 통해 제자들을 양육하면서 연중 특별한 행사도 했다. 현지 친구 몇몇에게 악기 다루는 법을 가르쳐서 현지인 찬양 인도자를 양성하였다. 찬양 부르기를 좋아했던 나는 그 땅에 거하면서는 한국어 찬양보다는 중국어 찬양이 더 깊은 감동과 은혜로 다가왔다. 지금도 특정 찬양을 할 때면 찬양하던 그곳 형제자매의 모습이 떠오른다.

성경 공부와 기도회는 세 곳의 교회에서 따로 하기도 하고 연합으로 하기도 하면서 함께 양육하며, 각 교회의 리더들을 세우기 위해 애를 썼다.

나는 친구들과 나누는 식탁 코이노니아가 좋았다. 일주일에 두세 번은 내 집에서 성경 공부나 기도회를 하면서 함께 밥을 해 먹었다. 혼자 살았기 때문에 제자들을 먹이려고 밥하는 것이 곧 나를 위해 하는 것이었기에 힘들기보다 오히려 즐거웠다. 잘 배우고, 잘 나누고, 잘 먹었던 행복한 기억들이 차곡차곡 쌓여 있다. 가끔씩 명절 때 제자의 어머니가 우리 세 사역자를 집으로 초대하곤 했는데, 가보면 육해공의 다양한 음식을 한 상 거하게 차려 놓고 기다리셨다. 감사와 감동의 마음으로 배가 터지도록 먹고 나면, 어머니는 밥값을 하라면서 주변에 사는 지인들을 불러 모아서 함께 기도회를 하자고 하셨다. 우리는 공안의 눈길이 미치면 어쩌나 콩콩거리는 가슴을 안고 함께 찬양하고 기도회를 갖곤 했는데 그때마다 성령님의 임재를 강하게 느꼈다.

매년 세 교회가 연합으로 부활절, 성탄절 절기 모임을 하고 상반기에는 '러브GD' 전도 여행을, 하반기에는 수련회를 개최했다.

부활절에는 야외 농장 등으로 나가서 부활절을 기념하면서 겸하여 세례 예식을 진행했다. 그리고 함께 기도하고 축하하면서 성찬과 애찬을 기쁨으로 나눴다. 성탄절에는 호텔의 홀을 빌려 전도하고픈 친구들을 초청하여 예수 그리스도의 이야기를 통해 복음을 나누었다. 어느 해엔가는 예상했던 인원보다 훨씬 많아 100명을 훌쩍 넘긴 사람들이 모였다. 우리는 음식이 모자라진 않을까 조바심 내고 보안을 걱정했지만 정작 현지 친구들은 아랑곳하지 않고 즐거운 시간을 보냈다.

매년 5월에는 제자들과 함께 타 지역으로 '러브GD'라는 전도 여행을 떠났다. 타 지역의 가정교회와 연합하여 3인 1조로 노방 전도를 했다. 정말 그때는 성령의 역사로 많은 사람이 마음의 문을 열고 예수님을 영접했다.

우리 교회에서는 기본 30~40명이 참여했는데 경비 최소화를 위해 집 한 채를 빌려 며칠을 함께 숙박하곤 했다. 그 지역의 5월은 무척 습하고 무더웠다. 한번은 사람은 40여 명인데 화장실 겸 샤워실이 딱 하나여서 1인당 씻는 시간을 5분으로 제한해야 했다. 나는 단기로 온 자매와 함께 들어가서 10분을 사용했는데 공중목욕탕을 보지 못한 형제자매들은 이해할 수 없는 일이었다.

전도 여행에서 배꼽 빠지게 웃었던 잊지 못할 추억이 있다. 내 조에 10대 후반의 신앙생활을 시작한 지 얼마 되지 않은, 그야말로 초짜인 동풍이란 자매가 있었다. 공단과 공원을 돌며 전도하던 중, 동풍은 일하고 있던 한 중년 아저씨를 대상으로 전도하고 우리는 좀 떨어진 곳에서 전도를 위해 기도했다. 한참 동안 오지 않던 동풍은 상기된 얼굴로 돌아왔다. 나는 동풍의 얼굴을 보면서 '저 아저씨가 영접했나 보다' 생각하고 내심 기뻤다. 그런데 동풍이 전해 준 이야기에 우리는 폭소했다. 동풍이 "당신은 신을 믿습니까?"라고 물었는데 아저씨가 "어떻게 알았어?"라며 반가워했다는 것이다. 그런데 동풍은 자기가 알고 믿고 있는 복음을 설명하다가 뭔가 이상함을 느꼈다. 얼마 지나지 않아 발음 때문에 오해가 생겼음을 알고 민망한 마음에 그냥 도망쳐 나왔단다. 그곳 언어로 '신'의 발음과 비슷한 성씨의 발음으로 잘못 이해해 벌어진 해프닝이었다. 그 뒤로 현지인들도 그런데 하물며 우리랴 싶어, 한국 사역자들은 발음 콤플렉스에서 벗어났다.

늘 전도 여행을 위해 많이 기도하고 진행했지만 매번 아슬아슬하고 두려웠다. 하지만 하나님께서는 복음을 듣고 돌아올 영혼들을 예비해 주셨고, 우리는 전도 여행지의 교회로 귀한 영혼들을 인도했다. 여행에 참여한 형제자매들은 복음 들고 산을 넘는 자들의 발걸음이 얼마나 가볍고 기쁜 것인지를 매년 경험했다.

가을에는 한적한 곳으로 가서 함께 배우고 기도하는 수련회 시간을 가졌다. 주를 더 깊이 알고자 하는 열정과 함께 서로 지체 된 자임을 고백하며 서로를 이해하고 축복하는 복된 시간이었다. 이때도 세례 예식을 진행했다. 이즈음이면 낮에는 덥지만 밤이 되면 꽤 쌀쌀해서 우리 사역자들은 대충 씻고 지냈는데, 현지 친구들은 밤공기가 차가워도 물수건으로 몸을 닦았다. 그것을 보면서 이곳 사람들은 지저분하다는 한국인의 고정관념이 부끄러웠다. 아마도 저들은 우리 사역자들이 지저분하다고 생각했을지도 모른다.

내가 맡은 교회에서, 대학생 사역을 위해 나와 세 형제자매가 다시 교회를 분리 개척했다. 우리는 넓지만 좀 낡은 이층집을 임대하여, 그곳에서 복음의 부흥이 일어나길 기도하면서 며칠 동안 땀을 뻘뻘 흘리면서 페인트칠을 했다. 우리는 넓은 대학을 돌면서 함께 기도의 씨앗을 뿌리고 찬양하고 전도했다. 교회에 한 발만 걸치고 있는 형제자매들을 찾아다니며 심방했지만 약속을 깨거나 학교 생활에 매여 교회 출석이 들쭉날쭉하여서, 어느 날은 기쁘다가 어느 날은 기운 빠지는 일이 반복되었다. 비록 우리의 거두어들임은 많지 않았지만, 우리와 연결되어 교회에 나오는 형제자매들에게 그리스도의 사랑을 나누려 애썼던 그 씨앗들이 언젠가는 싹을 틔울 것이란 소망 가운데 우리는 그 무더운 여름의 시간을 함께 지냈다.

그냥 같이 살기로 작정하길 정말 잘했다

본부 사역으로 그 땅을 떠나온 뒤 타 지역에서 사역하다가 8년 만에 지난날 함께했던 제자들이 너무 그리워 그곳을 다시 방문했다. 멀리 다른 지역에 사는 지체들까지 나를 보러 왔고, 심지어 명절 때마다 우리를 초대했던 제자의 어머니는 내가 좋아하는 '종즈'를 만들어 택배로 보내셨다. 우리 사역자들이 떠난 뒤 일부는 다른 교회로 떠났고 일부는 취직과 결혼 때문에 타 지역으로 옮겨 가서 숫자는 줄었지만 신앙을 지켜 가는 형제자매들이 자랑스러웠고, 미혼이던 그들이 이제는 결혼하여 우리가 그렇게 노래 부르던 주일학교를 운영할 정도의 2세들이 자라고 있었다.

좋은 일만 있었던 것은 아니다. 교회를 지키기 위해 애쓰며 섬기던 자매가 자신이 능력이 부족하여 교회를 더 확장하지 못하고 잘 세우지 못하였다며 자책할 때는 나도 함께 울었다. 내가 떠난 뒤 여러 사정으로 남은 사역자들도 사역지를 옮기면서 남아 있던 제자들이 많이 힘들어했다고 한다. 본부 사역을 위해 떠난 것이 과연 잘한 일이었나 하는 자책과 미안한 마음을 품고 사역 당시 교회 리더로 가까이 지냈던 자매와 만났다. 자매는 "선생님, 저는 지금 선생님이 보여 줬던 삶을 닮아 가려고 노력하고 있습니다. 선생님은 우리에게 충분히 알려 주고 보여 주었습니다"라며 나를 위로하면서 적지 않은 선교 후원금을 내밀었다. 감동이었다.

그곳을 떠나온 지 16년 만에 두 번째로 방문하여 수련회에 함께했다. 수련회에 참석하려고 5시간을 운전하고 달려온 제자들이 자랑스러웠다. 제자들의 자녀들도 믿음 안에서 잘 자라나 어느덧 청소년과 대학생이 되어 있었는데, 자녀들의 장성한 믿음을 보면서 눈시울이 뜨거워졌다. 우리 사역자들은 씨를 뿌리고 물을 조금 주었을 뿐인데 하나님께서 이들을 이토록 아름답게 자라게 하신 것을 보면서 감사의 눈물이 흘러내렸다. 이제는 그들을 통해 선교하실 하나님을 기대하며 감사한다. 언젠가 열방으로 나가 주의 일꾼으로 일하는 그 자녀들을 만나게 되길 소망한다.

돌이켜보면 난 그 땅에서 나그네도 이방인도 아닌 그들 무리 속의 하나로 살고 싶었다. 단순히 한국에서 온 그들의 선생님이기보다는 때론 언니로 누나로, 때론 엄마와 친구로 다가가고 싶었고, 그들의 기쁨에 함께 기뻐하고 그들의 슬픔에 함께 슬퍼하고 싶었다. 타향에서 입원한 형제를 위해 입원 기간 내내 오골계탕을 끓여 버스를 타고 가서 전달할 때도, 남편의 방랑벽 때문에 홀로 아들을 부양하며 슬픔 속에서 오매불망 남편을 기다리는 자매와 아픔을 나눌 때도, 내가 허리 병으로 꼼짝하지 못할 때 자신의 가정을 건사하기도 힘들 텐데 그 귀한 시간을 기꺼이 나에게 나눠 주던 형제의 사랑을 누릴 때도, 시장 한쪽 좌판에서 만두를 빚어 팔며 생활비를 벌던 자매가 집에 돌아가면서 팔다 남은 것이라며 만두를 좋아하는 나에게 만두를 내밀 때도, 자기만 더 봐주지 않는다며 시샘하는 자매를 만날 때도, '마마'라 부르며 나를 따르던 자매의 성장을 보면서도, '내가 이 땅으로 옮겨 와 저들 속에서 함께 그냥 살아가기로 작정하길 참으로 잘했다'라고 생각했다.

때론 힘들고 때론 두렵고 때론 지치기도 했지만, 이 역시 저들과 함께했기에 서로 나누고 위로하고 동행할 수 있었다. 그 시간을 통해 나는 더 성장하고 행복을 느꼈다. 그 모든 시간이 이제는 소중한 기억이 되어 내 속에 살아 있다.

- 한결(선교사)

5장

시골 마을에 세워진 길학교

　에벤에셀의 하나님이 여기까지 우리를 인도하셨기에 하늘 아버지께 감사를 드리며, 나의 2기 사역을 붙드시고 P국에 길학교를 세우신 주님의 선하심을 동역자들과 나눌까 한다.

　"깊은 데로 가서 그물을 내려 고기를 잡으라"(눅 5:4).

　러시아 국립 극동대학교 한국어 교수로 재직하면서 7년간의 캠퍼스 제자훈련을 중심으로 한 1기 사역을 마칠 무렵, 새벽기도 중에 속삭이듯 내 귀에 들려온 주님의 말씀이다. 러시아정교회를 통해 예수 그리스도를 알고 있는 그 땅 백성들을 대하면서 복음주의 진영의 선교사로서 정체성에 약간의 혼란이 있기도 했고 우리 ANN의 선교 비전도 "Silk Road Life Road"이기에, 나는 이 말씀을 붙잡고 몸부림치며 깊은 데가 어디인지 선교의 주인이신 주님께 여쭙기 시작했다.

당시 대표 선교사와 단체의 비전에 부응하여 2차 사역지를 정해야 겠다고 생각하였고, 대표 선교사가 주창하던 실크로드 현장에서의 비즈니스 선교 사역을 고려하고 있었다. 주님이 내게 말씀하신 '깊은 데'가 실크로드 천산남로에 연하여 있으며 기독교인이 3%도 안 되는 이슬람 공화국, P국임을 깨달았다. 그해 2008년 8월, 대학에 사표를 내고 P국으로 갔는데, 감사하게도 누구보다도 사명감이 투철한 송야곱(Jacob) 선교사 가족과 같이 가게 되었다.

우리 앞에 펼쳐진 곳은 광야 메마른 땅, 이슬람 극단주의자들의 테러가 끊임없이 일어나는 위험한 땅이었다. 영하 30도의 추위 속에서 지내던 몸이 이제는 영상 40~50도의 더위와 싸움을 벌여야 하다 보니, 나도 모르게 입에서는 '저 북방 얼음산과 저 대양 산호섬 저 남방 모든 나라 수많은 백성들…'이라는 찬송가가 나왔다.

비즈니스를 통해 만난 새로운 사명

현지어인 우르두어를 배우며 정착 과정에 있을 때, 마침 현지 국립외국어대학교 한국어학과에서 가르치던 형제가 한국으로 귀국하게 되어 한국어 교수직을 맡았다. 그러나 교수 사역만으로는 비즈니스 선교의 부족함을 느꼈다. 기도하면서 S회사를 세워 송야곱 선교사를 비롯하여 ANN의 현지 사역자들을 이사로 영입하고 현지인 한 명을 직원으로 채용했다. S회사에서 대한(對韓) 무역을 하고, 이 회사를 통해 비자를 받으며, 그 수익으로 선교 사역을 하겠다는 취지였다. 과거 내가 은행에 재직할 때 10여 년 무역(외환) 업무를 취급하며 무역사 자격증을 취득해 놓은 것이 이 일에 유용했다.

한국의 홍삼 제품을 수입하여 현지인 대형 마켓에 위탁 판매하고, 절친한 교우의 한국에 있는 가죽회사로 P국의 3대 수출 품목(면제품, 곡물, 가죽) 중 소가죽을 수출하는 회사가 시작되었다. 그때 나는 현지인 직원과 찾아오는 고객들이 읽으라고 회사 벽에 이런 슬로건을 써 붙여 놓았다.

"Glorify God! Satisfy Customer!"(하나님을 영화롭게! 고객을 만족하게!)

대학교의 한국어 교수로 재직하며 동료 교수들과 학생들에게 복음의 씨앗을 뿌리고, 또 회사 대표로 현지인들과 교류하면서 부르심에 합당한 자의 삶을 살아가기 위해 노력하던 어느 날, 내게 두 분의 손님이 찾아왔다. 그중 한 사람은 한 기독교인 마을의 지도자였는데 그 마을에 초등학교를 하나 세워 달라고 요청해 왔다. 나는 지금의 사역이 바쁘고, 이 땅에 학교를 세우고 교육하는 교육자로 온 것이 아닌 데다, 그곳은 내가 살던 곳에서 40~50km 떨어진 시골 마을이라 힘들겠다고 완곡히 거절하였다.

그리고 한 달이 지난 후, 그분들이 크리스마스에는 자기들 마을의 교회에서 함께 성탄절 예배를 드리자고 하여 승낙했다. 예배에 참석했다가 그 마을의 현실에 관해 들었다. P국에서 기독교는 소수 종교이며 기독교인을 격리하고자 따로 모여 살게 하는 정책이 있는데, 그 마을도 그중 하나였다. 주민의 90%가 문맹인지라 성경을 읽을 줄도 모르고 자기 이름조차도 쓸 줄 모르며, 근처의 무슬림이 소유한 벽돌 공장에서 흙벽돌을 찍어 납품하거나 목화를 따고 받는 품삯으로 생계를 유지하는 극빈층이 대부분이었다. 그러다 보니 이 마을 아이들이 학교에 가더라도 무슬림 중심인 학교에서 멸시하고 천대하여 결국

자퇴한다는 것이다.

그들의 말에 안타까움이 생겼다. 기독교인이라면 누구에게나 주님의 성육신을 기리는 큰 의미가 있는 명절이 성탄절이지만, 2011년 성탄절은 하나님께서 내게 새로운 사명을 주신 특별한 의미가 더해진 날이었다.

공부가 소원인 라비야

그날 성탄 예배를 마친 후 동네 주민들의 어려운 상황을 대표에게 전해 듣고 한숨을 쉬고 있는데, 열 살쯤 되어 보이는 여자아이 하나가 머리에 돌멩이를 담은 큰 양푼을 이고 힘들게 걸어오는 것이 보였다. 그 아이에게 다가가 이름을 물으니 '라비야'라고 했다. 가장 큰 소원이 무어냐고 물으니 "공부하고 싶어요"라고 애원하는 눈으로 답했다. 그 아이의 말을 듣는 순간 내 마음은 크게 찔렸고, 하나님이 왜 오늘 나를 여기 보내셨는지를 깨달았다.

곧바로 마을 대표에게 "이 마을에 초등학교를 하나 세울 테니 땅을 내주고 마을 사람 중에 건축 기술 있는 사람을 동원해 주십시오"라고 말했다. 그는 정부에서 무상으로 영구 임대한 땅이 있는데 자기들에게 경작권이 있으니 거기에 학교 건물을 세우면 된다며, 마을에 '사버르'라는 건축 기술자도 있다고 했다. 우리는 2012년 1월부터 교실 3개의 기독 초등학교를 건립하기로 하고 교장에는 그 동네 교회의 목사를 세우기로 하였다.

내가 부담할 건축비는 미화 1만 달러 정도였는데, 회사 수익금과 교회에서 보내 주는 선교 후원금 몇 달 치면 될 것 같다는 생각으로 건축을 시작했다. 그 계획이 들어맞아, 회사에서 수입한 홍삼 판매 수익과 가죽 수출 수수료를 합친 자금, 그리고 교회의 선교 후원금 일부를 합쳐서 건축 재정이 조달됨으로써 이 학교는 한 전문인 선교사와 회사에 의한 비즈니스 선교 사역의 성공 모델이 되었다. 학교 등록도, 교사 모집도, 학생 모집도 다 하나님이 간섭해 주셔서 성공적으로 끝났다.

착공한 지 100일이 된 2012년 4월 21일에 학교 이름을 '길학교'로 하여 준공했다. 이 이름에는 '하나님은 사랑이시다'(God Is Love)라는 의미가 담겨 있다. 준공식을 하면서 그동안 함께하여 주신 하나님의 은혜에 얼마나 감격했던지! 건축 중에 기술자 사버르가 심장병으로 쓰러져 그의 손을 붙잡고 간절히 기도한 일, 그래서 나았다며 온 마을 사람들이 기뻐한 일, 그 이후로도 나를 은인처럼 대하던 사버르의

눈빛을 어찌 잊을 수가 있을까? 또한 2022년에 개교 10주년이 되어 학교에 갔을 때 이 학교를 짓도록 결심하게 한 라비야가 교사가 되어 품에 안기던 순간의 감동은 얼마나 컸던지! 참으로 모든 것이 하나님의 은혜이고, 하나님이 길학교를 세우셨음을 확신한다.

길학교를 통해 꾸는 꿈과 바람

2012년이 끝날 무렵 뇌동맥류 수술 때문에 귀국한 이후 나이 들어 다시 P국으로 나가지는 못한다. 하지만 길학교 출신자로서 명문 대학교에 진학하면 석사학위 취득 때까지 장학금을 주겠다고 한 약속을 지키면서 계속해서 기도하고 있다. 길학교 교사와 학생들이 참 예배자로 성장하도록, 이 학교 출신자들이 P국을 변화시키고 중동 선교에 쓰임 받는 하나님 나라의 일꾼이 되기를 기도하고 있다.

그동안 길학교는 송야곱 선교사가 맡아 2층에 교실 3개를 증축하고 최선을 다해 관리하여 완벽한 학교로서의 모습을 갖추었고 재정적으로도 거의 자립 단계에 이르렀다. 그래서 부근에서 부러움을 사는 초등 교육의 전당, 기독교 교육의 보루로 자리매김했다. 개교 때부터 지금까지 교장으로 헌신해 온 딜버르 목사와 슈마일러 선생을 위시하여 교사 6명이 학생 80여 명과 함께 내일을 꿈꾸며 행복하게 공부하는 길학교! 전문인 선교의 모델로 자리 잡은 이 학교를 위해서 계속 기도해 주길 바란다.

S회사 역시 송야곱 선교사 덕분에 완전히 새로운 회사로 탈바꿈하여, 커피를 수입 판매하면서 얻은 수익은 길학교를 비롯한 선교 사

역에 쓰고 있다. 자랑스러운 선교적 기업이 된 S회사가 P국의 여러 가지 악조건과 코로나 팬데믹 등 고난 중에도 꾸준히 발전해 가도록 계속 기도해 주길 바란다.

- 남필립(선교사)

6장

미술학교와 비즈너리 사역

비즈너리로서 R국으로 보냄 받다

10년 전 교회에서 돌아오던 어느 날, 맑은 하늘 위에서 힘차게 날고 있는 비행기를 바라보며 아들이 물었다. "엄마, 저 비행기는 어디로 가요?" "엄마도 몰라. 그런데 저 비행기를 타고 있는 사람들은 알겠지? 모두 같은 목적지를 향해 가고 있으니까." 지금 돌아보면 감사뿐인 여정이지만, 나는 내가 어디를 향해 가는지도 모른 채 열방네트웍(ANN)이라는 공동체에 올라탔다. 그때부터 나의 모험 가득한 여정은 시작되었다.

2001년 초, 나는 대구 지역에서 열린 열방네트웍이 주최한 'Send School'에 참석해서 ANN 공동체를 처음 만났다. 이 특별했던 만남을 통해 하나님은 나로 하여금 12년간 이 공동체의 대구지부 간사로 섬기는 소중한 기회를 갖게 하셨고, 그 과정을 통해 비즈너리의 정체성을 깨달아 비즈너리의 삶을 체득하도록 훈련받게 하셨다.

2012년에 우리 가정은 대구에서의 생활을 마무리하고 ANN 본부 사역을 위해 서울로 상경했다. 남편은 본부 사역(간사, 총무로 6년)으로, 나는 아시안 선교 파견 근무를 하던 중, 지금의 파송 교회를 만나 부부가 함께 4년 정도 선교부 모임을 섬기며 신앙생활을 하였고, 사랑하는 단체와 교회의 파송을 받아 지금의 R국으로 왔다.

하나님께서 그리신 세계 선교의 큰 그림 퍼즐 가운데 우리를 위해 예비해 두신 자리가 바로 R국이었음을 확신한다. R국에 와서 가족 모두가 2년간 현지 언어를 배웠고, 언어 학습 기간이 끝나면서 곧바로 비즈너리로서 사역을 시작하였다.

아트플러스 센터

'아트플러스 센터'(Art Plus Center)는 우리 사역의 지경이 확장되어 가는 전초기지로서, '네 손에 있는 물맷돌이 무엇이냐?'라는 질문에 구체적으로 반응함으로 시작되었다. 미술 교육이 없는 이 땅에 '미술 교육으로 복음을 영화롭게 하라'라는 사명으로 세움을 받았다. 하나님께서 이 세상을 창조하시고 보시기에 심히 좋았던 그 아름다움, 창조의 은혜가 센터 가운데 가득하길 기도하며, 상처 많은 이 땅의 영혼들을 미술 교육으로 어루만지며 이들의 정서와 삶이 아름답게 디자인되길 소망하고 있다.

우리가 꿈꾸는 '플러스 공동체'는 요한1서 1장 3절에서 찾을 수 있다. "…우리의 사귐은 아버지와 그의 아들 예수 그리스도와 더불어 누림이라"라는 말씀처럼 예수님 안에서 우리가 함께할 때 하나님께서 우리를 '플러스'하실 것이다. '플러스'(+)는 더하기이고, 그 변화의 중심에 예수님의 십자가가 있다. 이 '플러스'(PLUS)는 'P'(pray, 기도), 'L'(love, 사랑), 'U'(unite, 연합), 'S'(serve, 섬김)를 통해 만들어질 것이다. 이것이 우리 사역의 핵심 가치이다.

플러스 공동체는 1) 함께 일하는 일터 공동체, 2) 매일 함께 예배드리는 예배 공동체, 3) 감사와 기쁨, 아픔과 슬픔을 함께 나누는 교제 공동체, 4) 함께 배우며 자라가는 성장 공동체, 5) 함께 복음을 전파하며 장학과 구제로 지역사회와 땅끝 마을을 섬기는 사역 공동체, 6) 선교적 삶을 사는 그리스도인, 복음으로 R국을 변혁시킬 성경적 지도자를 함께 길러내는 비전 공동체이다.

비즈니스를 비즈니스답게 하라: 아트플러스 수익에 관하여

다른 곳도 그렇겠지만 R국에서도 수많은 선교사가 비자가 없어 어려움을 겪고 있다. 사업체를 운영한다 해도 실제로 수익이 나지 않는 페이퍼 컴퍼니이거나 납득할 만큼의 수익이 나지 않으면 비자 갱신이 어렵다. 실제로 비즈니스를 해야 한다는 말이다. "수익이 없는데 너희의 사업은 어떻게 유지가 되지? 포교가 사업 목적이야?" 하고 당국의 의심이 시작되면 결국 비자 갱신이 어려워진다. 수익을 내야 한다는 제1원칙을 무시하고는 지속 가능한 비즈니스가 되지 않는다는 말이다.

처음 센터를 준비하면서, 남편과 오래 논의한 끝에 수업비를 저렴하게 책정했다. 1시간에 7.5달러. 이마저도 여러 할인 항목을 만들면서 미술학원 중에서 수업비가 가장 낮았다. 몇 달 후 학생들이 많아졌고 수업 시간도 하루 10시간에 이르렀지만, 수고와 노력과 에너지를 쏟아붓는 것에 비해 수익률 상승이 더뎠고, 월세 내는 것도 버거웠다.

코로나라는 특수한 상황을 경험하면서 1년 가까운 시간 동안 모든 기업, 학교 등이 문을 닫았다. 거리에서는 군인들이 길목을 지키며 길을 통제했고, 2년 넘는 시간 동안 나라 전체가 록다운(lockdown), 즉 외부와의 모든 연결과 교류가 중단되었다. 그 가운데 우리는 단체 콘퍼런스와 안식의 시간을 위해 전세기를 타고 한국 귀국길에 오르면서 1기 사역 임기를 마쳤다. 1기 사역을 돌아보면 정착과 사역의 틀을 세우기 위해 정신없이 일했던 시간이었다.

선교 현지에 복귀하면서 2기 사역을 시작할 때는 이전과 다르게 전략을 새롭게 세웠다. 내 몸의 상태를 돌아보며 가능한 시간만큼

만 수업을 하고, 아트플러스의 장학 할인 등 모든 할인 항목을 없애고, 레슨비도 센터의 고정지출을 살펴 30% 인상하여 새로 책정했다. 건강 때문에 수업 가능 인원과 수업 시수를 줄였음에도 수익이 전과 비교해서 줄지 않았고 손익분기점을 넘어서고 있다.

아트플러스와 갤러리 카페의 모든 수익은 임대료를 비롯하여 재료 구입, 직원들 월급과 숙식비 지원, 각종 세금 등 고정지출 외에 현지 대학생 2명, 고등학생 1명, 초등학생 1명의 학자금 전액 지원, 현지 교회 후원, 현지 미술 교사 양성, 지역 구제 사역 등 현지 사역에 흘려보내고 있다. 앞으로 건강이 회복되어 수입이 더 늘어나면 미술 교과서 제작을 위해 직원을 더 채용할 계획이며, 땅끝 마을 사각지대를 발굴하고 장학생도 더 선발할 예정이다.

비즈니스는 현장의 다양한 요구에 맞게 유지 가능한가를 고민해야 한다. 나 역시 2기 사역을 시작하면서 BMTC 훈련에서 배운 것처럼 '되게 하는 방법'의 전략을 생각했다. 무조건 되게 하라는 것이 아니라 도덕적이고 합법적인 테두리 안에서 방법을 찾으라는 말이다. 전략을 가지고 목표를 이루기 위한 시스템을 배웠고, 하나씩 적용해 나가고 있다. "뱀같이 지혜롭고 비둘기같이 순결하라"는 말씀이 피부에 와닿는 요즘이다.

갤러리 그레이스

아트플러스 센터 마당에 개방형 차고가 있는데, 확장 공사를 하여 갤러리 그레이스(Gallery Grace) 카페를 만들었다. 이곳 갤러리 카페에서는 음료와 한국 음식, 미술 재료 판매부터 예배, 한국어 수업 등 다양한 모임이 진행된다. 비즈니스 선교를 준비하던 시기에 동료들과 카페 '도나보나'를 운영했던 경험을 살려서 공사 시 디자인에서부터 참여한 나는 틈날 때마다 내·외부를 꾸몄고, 남편이 이곳을 맡아 경영하고 있다. 이제 우리의 수익원이 하나 더 늘어 날개를 달았다. 이곳은 우리의 영적인 전초기지로서 말씀, 양육, 교육에 강점이 많은 남편이 정량적인 역할을 감당하고 있는 장소이다.

지금 결단하고 움직이라

지금의 나는 열방네트웍이라는 비행기가 나아가는 지향점을 알고 그 비전을 공유하며 하나님의 선교 현장에서 매일매일 하나님의 일하심을 경험하며 나아간다. 비즈너리의 사명으로 삶의 현장에서 현지인들처럼 치열하게 일하면서 영혼을 낚는 어부가 되어 200%의 삶을 살고 있다고 감히 말하고 싶다. 두 번째 사역 가운데, 앞으로도 한 걸음 한 걸음 주님께서 동행해 주시고 선하게 인도해 주실 것을 믿는다. 더 깊어진 내공으로 섬기고 사랑하며 내실 있는 공동체로 세워지길 소망한다.

이제 나는 하나님 나라를 구하는 자를 통해서 약속하신 많은 것들을 기대하며 바라보고 있다. 선교의 그림을 그리시는 하나님 앞에 구체적으로 반응하는 모습을 통해 하나님의 일이 이어지고 성취될 것이다.

- 이기쁨(선교사)

7장

선교 패러다임의 변화

선교 모라토리엄과 선교운동 패러다임의 전환

지난 세기 선교 역사에서 선교의 문이 닫혀서 크게 긴장하던 때가 있었다. 2차 대전 직후였다. 전쟁이 끝나고 많은 피식민지 국가들이 독립하면서 민족주의를 선택하였는데 그것이 반기독교 정서로 옮겨 갔기 때문이다. 식민주의같이 선교에 호의적이던 국제정치 상황은 종결되었다. 비슷한 시기에 중국과 동유럽, 아시아, 아프리카의 여러 나라가 공산화되었고, 그로 인해 많은 선교사가 추방당하는 상황도 벌어졌다. 이에 따라 기독교 선교는 전방위적으로 크게 위축되었다. 더는 선교가 진행되지 못할 수도 있겠다는 위기감이 감돌았다.

이런 상황 속에서 선교단체들이 보인 반응은 크게 두 가지였다. 하나는 열린 지역, 추수 지역 사역으로 사역 방향을 전환하는 것이었다. 복음에 대해 열려 있고 선교사들의 접근이 가능한 나라와 지역들이 많이 남았으니 그곳에 집중하면 된다고 생각했다. 이는 예수님의 지침에 따른 것이기도 했다.

> "이 동네에서 너희를 박해하거든 저 동네로 피하라 내가 진실로 너희에게 이르노니 이스라엘의 모든 동네를 다 다니지 못하여서 인자가 오리라"(마 10:23).

대표적으로 중국내지선교회(CIM, China Inland Mission) 같은 단체를 들 수 있다. 중국의 공산화와 함께 많은 선교사가 중국에서 쫓겨나자 그들은 단체 이름을 오엠에프(OMF, Overseas Missionary Fellowship)로 바꾸고 소속 선교사들을 동남아와 동아시아 지역에 재배치하면서 사역의 방향을 전환했다. 이러한 단체들을 통해 동남아, 동아시아 선교는 새로운 전환점을 맞이하였다.

다른 대응도 있었다. 선교사들이 전통적인 방식으로 입국할 수 없고 복음을 전할 기회를 찾기 어렵게 되었을 때, 그 지역을 회피하기보다는 새로운 방법을 개발하려고 노력한 것이다. 대표적인 개척자가 '복음의 밀수꾼'으로 알려진 브라더 앤드류와 그가 이끈 오픈도어선교회이다.[1] 이들은 복음 증거자가 어디든지 주님이 이끄시는 곳에 가고자 한다면 모든 곳이 복음에 대해 열려 있다는 믿음을 갖고 있었고, 실제로 다양한 방법으로 장벽들을 돌파해 내 복음을 전했다. 공산권에 성경을 몰래 배포하고, 복음에 적대적인 이슬람 지역에서도 핍박

---

1) 오픈도어선교회의 사역은 1955년 평신도 사역자 브라더 앤드류가 성경책이 없는 공산권 폴란드의 목회자들에게 성경을 배달하면서 시작되었다. 공산권이 무너진 이후에도 중동과 아프리카 지역으로 사역을 확대하여, 현재 70여 개 국가에서 1,300여 명의 사역자가 박해받는 교회를 섬기고 있다.

받는 교회들을 다양한 방법으로 돕고 복음을 전하기 위해 노력했다.

이 외에 우리나라에서 북한을 위해 사역하는 모퉁이돌선교회도 불가능해 보이는 장벽을 뚫고 북한과 중국을 향해 복음을 전하고 있고, 극동방송처럼 방송이나 각종 미디어를 통해 복음의 장벽을 돌파하려는 시도도 있었다. 최근에는 인터넷, SNS 등을 통한 온라인 사역이 활성화되면서 더 다양한 창의적 접근 사역들이 개발되고 있으며, 열방네트웍 선교회(ANN)처럼 비즈니스를 통해 닫힌 문을 열고 척박한 땅에 들어가 복음을 전하고 교회를 세우는 도전도 계속되고 있다.

격변의 20세기 중반은 선교의 장벽이 높아지면서 동시에 다양한 선교적 접근이 시도된 시기였다. 선교단체들은 다양한 창의적 접근 전략을 개발했고 상당한 선교적 열매들을 맺기도 했다. 그러나 20세기 중후반의 복음주의 선교운동의 주류는 여전히 전도와 교회 개척 중심이었다. 창의적 접근으로서 지역 개발, 교육, 비즈니스, 스포츠 선교 등이 시도되었지만 교회 개척 선교를 위한 보조 또는 보완적 성격이 강했다.

그런데 18세기 시작된 '위대한 근대 선교'를 위한 운동의 교회 중심적 패러다임은 20세기 말을 지나 21세기에 들어서면서 급격하게 변화되고 있다. 이제는 비즈니스 선교, 지역 개발, 교육, 스포츠, 문화, 의료 등의 선교를 교회 개척 중심 선교의 보조적 사역으로 생각하지 않는다. '전문인 선교사'인 이들은 오늘날 이전의 패러다임인 교회 개척 중심 선교의 대등한 동반자로서 현대 선교의 또 다른 중요한 역할을 담당하고 있다.

그렇다면 전문인 선교가 어떻게 선교의 또 다른 본질로서 자리 잡게 되었을까? 이 변화의 과정 몇 가지를 살펴보면 다음과 같다.

가장 먼저 살펴봐야 할 역사적 사건은 '선교 모라토리엄' 요청이다. 1970년대 비서구 지역의 여러 교회 지도자들로부터 제기된 선교 모라토리엄(moratorium, 일시 중지)은 수백 년 동안 희생적으로 선교운동을 이끌던 서구 교회에 일대 충격적 사건이었다. 1971년 동아프리카 장로교회 총무인 존 가투(John Gatu) 목사가 "서구 선교사들의 지도력과 재정 지원이 현지 교회의 자립과 자치를 막고 있다"라면서 "아프리카 교회의 미래에 대해 선교사와 토착 교회가 각자의 입장에서 생각해 보기 위해 아프리카에서 사역하는 서구 선교사들이 5년 동안 철수하면 어떻겠는가?"라고 제안한 것에서 촉발되었다.

당시 서구 교회는 이 선교 모라토리엄에 엄청난 충격을 받았다. 선교사 파송을 중지해 달라는 현지 교회 지도자들의 요청을 대하면서, 서구의 선교 지도자들은 그동안의 선교운동에 어떤 문제가 있었는가를 진지하게 성찰하지 않을 수 없었다. 동시에 비록 일시적이란 단서가 붙기는 했지만, 과연 해외 선교를 계속 해야 하는지에 대한 질문도 하지 않을 수 없었다.

이 질문에 대한 복음주의 선교운동의 반응은 '미전도 종족 선교운동'이었다. 주님의 지상명령이 아직 유효한 상황에서 선교 중지는 대안이 될 수 없었다. 대신 아직 교회가 없는 미전도 지역을 대상으로 전방 개척 사역을 강조함으로써 선교 모라토리엄에 대한 출구를 찾으려 했다. 그러면서 미전도 종족 선교 강조는 자연스럽게 기존 선교운동 패러다임의 변화로 연결되었다. 미전도 종족이 살고 있는 지역 대부분은 전통적인 선교, 즉 목회자 중심의 교회를 개척하기 위한 선교사가 들어가기 어려운 지역이었기 때문이다. 이로써 비목회자, 전문인 선교운동에 관심을 갖게 되었고 개발 사역이나 비즈니스를 통한 다각화된 선교의 문을 두드리기 시작했다.

이러한 변화에 결정적인 전환점이 된 것이 1974년 로잔세계복음화대회이다. 이 대회에서는 '선교란 무엇인가?'에 대한 격렬한 토론이 진행되었다. 전통적인 복음 전도와 교회 개척만이 선교라는 주장과 지역 개발이나 비즈니스, 구호 사역 등도 선교의 중요한 본질적 부분이라는 관점이 팽팽하게 대립했다. 이 쟁점이 제기된 배경에는 세상의 변화를 강조한 에큐메니컬 진영의 영향도 있지만, 앞서 언급한 선교 모라토리엄도 연관이 있었다. 왜냐하면 모라토리엄에 대한 대응으로서 미전도 종족 선교운동이 일어났고, 이 새로운 선교 패러다임은 사회 참여 역시 선교의 본질이라는 새로운 선교 정의에 영향을 미쳤기 때문이다.

모라토리엄이 제기된 직후 열린 로잔세계복음화대회에서 미전도 종족 선교운동이 복음주의 선교운동의 전면에 등장한 것은 어찌 보면 당연한 결과였다. 이 대회에서는 복음주의 선교운동의 주된 방향을, 기존 교회가 존재하는 지역 선교에서 교회가 존재하지 않는 미전도 종족 선교운동으로 전환할 것을 결의했다. 미전도 지역은 전통적 선교만으로는 돌파할 수 없는 지역이 대부분이므로, 앞에서도 언급했듯이 이 결의는 기존의 선교 패러다임에 대한 전환을 내포하고 있다. 이런 배경하에서 로잔 언약은 전도와 사회 참여 모두를 선교의 본질로 받아들였다.

당시에는 선교의 위기 상황을 돌파하기 위한 전략적 결정이었지만 여기에는 미전도 종족 선교운동을 가능하게 하려는 선교신학적 의미가 담겨 있고, 이후 선교 패러다임의 전환에도 중요한 영향을 주었다. 전도와 교회 개척 외의 다양한 사역, 특히 비즈니스를 통한 선교운동의 길이 열린 것이다. 실제로 지역 개발, 비즈니스, 문화를 통한 다양한 선교운동은 좀더 탄탄한 선교신학적 근거 위에서 빠르게 성장할 수 있었다.

기독교의 세계화가 선교운동에 미친 영향

로잔 언약과 같은 선교신학적 변화와 함께 당시의 국제적 환경의 변화도 선교 패러다임 전환의 중요한 배경이 되었다. 대표적으로 1990년대의 공산권 붕괴를 들 수 있다. 중국은 그보다 먼저 미국과의 수교를 통해 선교의 가능성이 열리기는 했지만, 베를린 장벽 붕괴와 함께 시작된 공산권의 붕괴는 새로운 선교의 문을 열었고, 새롭게 열린 동유럽, 중앙아시아, 러시아 등은 새로운 선교관이 적용되는 거대한 선교 실험무대가 되었다. 전도, 교회 개척과 함께 사회 참여를 통한 다양한 형태의 선교가 시도되었고, 새로운 시도들은 인상적인 돌파들을 만들어 내기도 했다.

20세기 말 또 한 가지 중요한 변화는 세계화라는 거대한 물결이다. 1999년 출판된 《렉서스와 올리브나무》에서 토머스 L. 프리드먼(Thomas L. Friedman)은 일본 도요타 자동차의 새로운 브랜드인 '렉서스'와 아랍 지역 전통을 상징하는 '올리브나무'를 비교하며 세계화의 이슈들을 다뤘다. 세계화와 각국의 문화적 전통 사이의 긴장을 분석하는 동시에 세계화는 피할 수 없는 인류 사회의 도전임을 보여 주었다.

일반 세속 사회의 세계화는 기독교의 세계화로 연결되었고 이 변화는 엄청난 속도로 빠르게 진행되었다. 기독교의 세계화는 크게 두 가지 방향으로 진행되었다. 하나는 기독교의 중심이었던 서구 기독교의 급격한 쇠퇴이다. 한때 전 세계 선교운동의 중심이었던 서구 교회는 빠르게 선교지로 변해 갔다. 오늘날 서구(유럽) 사회는 기독교가 지배하는 크리스텐덤(chirstendom, 기독교 세계)이 아니며 더는 세계화된 기독교의 중심도 아니다. 다른 하나는 선교의 대상이었던 다수 세계 또는 비서구 지역 교회들의 폭발적 성장이다. 21세기에 들어서면서 서구가 아니라 비서구 지역에 존재하는 기독교인이 더 많아졌고, 그와 함께 기독교 세계의 중심축도 빠르게 비서구 지역으로 옮겨지고 있다. 필립 젠킨스는 그의 책《신의 미래(The Next Christendom)》에서 21세기 기독교를 대표하는 얼굴은 이제 서유럽 백인이 아니라고 주장하면서 비서구 중심의 새로운 기독교 정체성이 미래의 기독교를 대표하게 될 것이라 예견했다.

그렇다면 급격한 세계화, 기독교 중심축의 이동, 그리고 이로 인한 기독교적 정체성의 변화는 기독교 선교운동에 어떤 의미를 던져 주는가? 이 거대한 상황 변화들은 필연적으로 선교운동의 본질적 변화와 연결된다. 표면적으로는 서구 선교 세력이 줄어들고 반대로 새롭게 성장하는 비서구 교회들 출신의 선교사 수가 증가하였다. 한국교회의 선교운동이 대표적인 사례고, 정치적·경제적 장벽으로 아직은 제한적이긴 하지만 중국 교회도 빠르게 선교적인 교회로 변화되고 있다. 남미 교회와 아프리카 교회의 선교운동 역시 폭발적 성장을 이루고 있다.[2]

기독교인의 숫자가 전체 인구의 1% 미만인 태국의 복음적인 교회

---

[2] IBMR의 2021년 세계 선교 통계에 따르면, (1위 국가인 미국을 제외하고) 선교사를 해외에 많이 파송한 국가 2~6위는 브라질, 한국, 필리핀, 나이지리아, 중국 등의 비서구 국가들이다.

들 내에서도 비록 교세는 미약하지만 선교운동이 활발하게 진행되고 있다. YFC가 주도하는 청년 선교집회에 수천 명이 모이고 이 모임에서 많은 젊은이가 선교에 헌신하고 있다. 말레이시아나 인도네시아 같은 동남아시아의 이슬람 국가 내의 교회들 역시 다수의 타 문화 선교사를 자국 내 소수민족을 향해 또는 해외로 파송하고 있다. 나 역시도 1990년대 말에 태국 내 무슬림 선교 사역을 하면서, 필리핀, 인도네시아, 싱가포르, 말레이시아에서 온 다수의 선교사들과 함께 사역한 경험이 있다.

선교 패러다임의 전환과 새롭게 열리는 문

20세기 중반부터 진행된 변화들, 예를 들면 전도와 사회 참여 모두를 선교로 인정하는 선교신학적 변화, 전 세계적으로 진행되고 있는 세계화, 그리고 무게중심이 서구 교회에서 비서구 교회로 움직이는 기독교 정체성의 전환 등은 그동안 익숙하게 해오던 전통적인 선교운동 안에 많은 변화가 일어날 것을 예고한다. 그렇다면 이 변화들은 21세기 선교운동에 어떤 새로운 문을 열고 있는가?

먼저 선교운동 패러다임이 급격하게 변화되고 있다. 앞에서도 살펴봤듯이 1974년 로잔세계복음화대회 이래 복음 전도와 사회 참여 둘 다 모두 선교로 정의되었다. 전도와 교회 개척 외의 선교는 부차적 선교라는 관점은 이제 용납되지 않는다. 성경적 세계관을 갖고 해외에 살고 있는 평범한 그리스도인들도 그들이 있는 곳에서 하나님의 사랑을 드러내고 삶을 통해 기독교적 가치관을 표현한다면 그들은 이미 선교사이다. 물론 "모든 것이 다 선교라면 아무것도 선교가 아니다"라는 스티븐 니일의 비판처럼 선교의 보편화가 수반하는 부작용이 없는 것은 아니지만, 교회를 개척하는 목회자 중심의 선교만이 참된 선교라는 관점은 설득력을 잃고 있다.

선교 패러다임의 전환은 선교의 본질을 '삼위일체 하나님의 선교'로 보도록 선교 이해를 바꿨다. 즉, 선교는 하나님이 시작하신 것이고, 현재 진행되는 선교운동의 본질도 (하나님의 백성들을 통해) 하나님이 하시는 일이며, 역사의 종말에 성취될 온전한 회복 역시 하나님이 이루실 것이라는 믿음이다. 믿는 자들과 교회들은 이 하나님의 선교에 초청받아 참여하는 존재이다. 이 관점에서는 목회자 중심의 선교와 평범한 그리스도인들의 선교가 더는 구별되지 않는다. 동일하게 하나님의 선교에 참여하는 하나님의 동역자일 뿐이다.

선교의 본질이 삼위일체 하나님의 선교라는 사실에 동의한다면, 이 땅에 사는 모든 그리스도인이 하나님이 행하시는 선교에 참여하는 선교사이다. 복음 증거와 교회 설립을 통해 불신자들을 하나님의 백성으로 이끄는 것이 여전히 선교의 가장 중요한 부분이긴 하지만, 하나님의 피조 세계 전 영역에서 하나님이 행하시는 모든 구속 사역에 참여해 열방 가운데 하나님의 영광을 드러내는 일 역시 그에 못지않게 중요한 선교이다. 이러한 인식 변화는 자연스럽게 선교 현장에 반영되고 있다. 많은 전통적 선교단체의 파송 선교사들이 전도, 교회 개척 사역과 함께 사회복지 기관을 설립해 피선교지 사람들을 교육, 구제하고 지역 개발이나 경제적 개발 등의 사역을 병행하고 있다.

또 다른 변화는 선교가 서구 교회가 짊어져야 하는 운명적 책무라는 생각의 변화이다. 19~20세기 서구 교회는 전 세계에 서구 기독교를 확산시켜 인류를 하나님의 복 가운데로 인도해야 한다는 운명론적 생각을 하고 있었다. 그러나 서구 교회가 주도한 근대 선교운동은 역사적으로 서구 국가들의 식민주의와 제국주의 등과 맞물리면서 그 의미가 퇴색했고, 서구 특히 유럽 교회의 급격한 몰락과 함께 역으로 유럽이 또 다른 선교지로 변화되고 있다. 기존의 관점은 오늘날 현실에 더는 맞지 않는다. 이미 선교 현장에서 많은 비서구 출신 선교사들이 활동하고 있고, 서구 교회에서보다 비서구 교회에서 선교운동이 더 활발하게 전개되고 있다. 비서구 교회들이 주도하는 21세기 선교운동이 새로운 활력을 얻고 그 영향력이 점차 확대되고 있는 것은 고무적인 일이다.

21세기 선교 전망

그렇다면 이러한 선교 패러다임의 변화는 21세기 선교의 모습을 어떻게 바꿀 것인가? 선교역사학자인 데이나 로버트(Dana Robert)는 21세기 기독교 선교 변화의 방향성을 다음과 같이 전망한다.[3]

첫째, 파송 선교단체에 의해 공식적으로 파송받은 전문(전임) 선교사들의 역할이 감소하고, 그 공백은 (평범한 그리스도인들에 의한) 단기 선교와 아마추어 선교로 채워질 것이다. 로버트는 '아마추어' 선교사들이 21세기 세계 선교운동의 주역이 될 것으로 전망한다. 그 이유를 "서구로부터 비서구로 향하는 일방통행적 자원주의(volunteerism) 선

---

3) Dana L. Robert, *Christian Mission: How Christianity Became a World Religion* (West Sussex: Wiley-Blackwell, 2009), 73.

교는 전방위로 진행되는 이주와 다문화적 네트워크로 대체되었으며, 통신기술의 발달과 항공 여행의 보편화로 평범한 그리스도인들의 다양한 단기 선교 사역이 가능해졌다"라고 설명한다. 선교단체의 파송을 받은 전문 선교사들이 필요하지 않다는 것은 아니다. 그보다는 평범한 그리스도인들이 주된 선교적 사명을 감당하고 전문 선교사들은 전문성이 요구되는 영역들을 도움으로써 함께 세계 선교운동에 참여할 것이다.

둘째, 교회 개척 중심의 전문 선교기관보다는 구제와 지역 개발 등을 지향하는 비영리단체(NGO) 중심의 선교가 더 활성화될 것이다. 이 현상은 20세기 후반부터 이미 선교 현장에서 광범위하게 확인되고 있으며, 21세기에는 더 확장될 것으로 전망한다. 교회 개척을 지향하는 파송받은 전임 선교사들조차 비영리 복지법인을 설립해 NGO 사역을 병행하거나 비즈니스, 교육, 문화 사역으로 중점 사역을 바꾸기도 한다.

마지막으로 세계 기독교의 중심으로 성장한 비서구 교회들이 선교운동에 참여하며, 이에 따라 선교운동의 지구촌화 현상이 일어날 것이다. 로버트는 전통적인 선교 구조가 지속되기는 하겠지만 21세기 선교의 전체적인 틀에서는 새롭게 일어나는 비서구 교회들의 상황에 적합한 새로운 선교 패러다임이 대두되리라 예측했다.

역사학자의 이러한 예측은 우리에게 시사하는 바가 크다. 익숙하던 전문 파송 선교단체 중심의 선교운동을 내려놓고 아마추어 선교사들과 함께 할 수 있는 선교운동을 세워 가야 한다. 교회를 세우는 일은 현지인 사역자들이 중심이 되게 하고 선교사는 기존의 전통적인 역할에서 전환하여 이들과 동역하는 형태가 되어야 한다. 또한 비즈니스나 사회복지기관 등의 형태로 지역사회를 도우면서 평범한 그리스도인들과 함께 총제적인 선교운동을 이어 나갈 수 있어야 한다.

열방네트웍 소속 선교사들은 전문 파송 선교단체 소속이란 면에서 전문(full-time) 선교사지만, 동시에 비즈니스라는 영역에서 현지인들과 함께 선교지 내의 하나님 나라를 꿈꾸어 왔다는 면에서 전통적 선교사와는 다른 길을 걸어왔다. 이런 이유로 21세기 세계 선교 환경의 변화는 비즈니스를 중심으로 현지인들과 함께 주님을 전하기 위해 애써 온 열방네트웍에게 새로운 기회가 될 수 있다.

U대학교는 M국에 소재한 중국계 기독교 대학으로서 비즈니스를 통한 선교를 추진하고 있다. 다양한 영역에서 교육 과정을 마친 졸업생들이 소규모 비즈니스를 하는 새로운 기업을 일으키고 이를 통해 하나님의 복음을 전하도록 격려하고 지원한다. 최근 열방네트웍은 U대학 같은 곳과의 협력을 통해 청년 비즈니스 선교사들을 동원하겠다는 꿈도 꾸고 있다. 지난 세월 동안 비즈니스 선교를 통한 세상의 변화를 꿈꿔 왔기에 이런 소망과 비전이 가능하다고 전망한다.

선교적 소명을 가진 한국 청년들이 이런 해외 학교의 비전에 참여하도록 연결하고, 공부를 마치면 함께 공부하던 그 나라의 청년 또는 다른 여러 나라 출신 청년들과 함께 비즈니스를 통한 선교를 한다면 어떨까? 이 기간에 선교 헌신자들은 영어로 공부하면서 동시에 비즈니스 선교에 필요한 선교 훈련도 병행할 수 있다.

전통적인 선교운동의 외곽에서 새로운 선교운동을 일으켜 온 열방네트웍 같은 단체들의 활동이 새로운 선교 패러다임을 여는 계기가 되기를 기대하고 있다. 선교적 소명을 가진 젊은이들과 함께 M국 U대학 같은 교두보를 확보하고 그곳의 교회 지도자, 젊은 기독 청년들과 함께 선교에 대한 꿈을 꿀 수 있다는 것은 우리의 가슴을 뛰게 한다. 그야말로 새롭게 열린 기회가 아닐 수 없다. 이와 같이 새로운 상황에서 새로운 선교에 도전하는 젊은이들을 통해 이런 꿈들이 현실화되기를 기대해 본다.

　기존 패러다임을 내려놓고 조금 다른 관점으로 선교지를 바라보면 예상하지 못한 새로운 선교 기회를 발견할 수 있다. 중동에서 사역하고 있는 후배 선교사의 이야기이다. 아랍 지역 A 국가에서 사역하는 H 선교사는 부유한 중동 국가들 안에 다양한 취업 기회와 비즈니스 가능성이 열리고 있다고 말한다. 선교적 소명을 품을 한국 젊은이들이 이곳 대학으로 유학 가 공부하면서 이곳에서 직접 비즈니스와 취업에 도전해 볼 수 있다. 예를 들면 중동 내에는 수많은 체육 센터가 있고, 피트니스 코치가 많이 필요하다. 그렇다면 이 분야의 자격증이 있는 청년들이 이 열린 기회를 통해 중동 선교에 도전해 볼 수 있지 않을까? 선교의 소명을 가진 한국의 젊은이들이 중동 지역의 대학으로 유학을 가서 중동 지역에서 현지 적응과 함께 그 안에서 적절한 선교 훈련을 병행하는 것은 어떨까? 일정한 재정적 수입이 보장되고, 일찍부터 현지인들과 어울리면서 자연스럽게 만나 복음을 증거할 수 있는 사역 기회를 열어 갈 수도 있을 것이다.

　문제는 이런 새롭게 열리는 문들을 찾아내고 그 문을 향해 과감하게 도전할 수 있는 새로운 세대가 일어나야 한다는 점이다. 열방네트웍 같은 단체들이 선두에 서서 이 도전을 이끌 수 있길 기대한다.

- 임태순(열방네트웍 이사)

2부

나는 비즈너리입니다

'비즈너리'라고 하면 막연하게 머릿속에 바울이 떠오른다.
텐트 메이커로서 자비량 선교를 했던 사도 바울.
그러나 성경에서 읽는 몇 줄 속에는
우리가 상상도 하지 못할 어마어마한 이야기가 숨어 있다.
비즈너리들의 목소리로 기쁨과 슬픔의 눈물로 가득한
사역 현장의 이야기를 생생하게 들어 본다.

1장

비즈니스는 어떻게 선교를 구성하는가?

선교사가 사업을 하면 안 되는가? 선교사가 사업하면 전부 망하는가? 절대 그렇지 않다. 필요는 발명의 어머니라는 말이 있듯이, 필요하면 하면 된다. 특히 선교사가 지향하는 제자 양성의 수단으로 비즈니스는 매우 효과적이다. 비즈니스를 진행하며 그 일을 통해 선교와 복음을 실천하며 학습할 수 있기 때문이다.

우리는 누구나 일해야만 한다. 사람 자체가 일이며, 일이 곧 삶이고 신앙이기 때문이다. 그렇다면 우리는 비즈니스를 통해 구체적으로 무엇을 얻을 수 있는가?

선교에서 비즈니스의 역할

일용할 양식의 공급처

하나님께서는 노동, 일을 통하여 세상에서 소득을 얻으며 살아가도록 하셨다(창 3:17-19; 살전 4:11). 우리의 삶에는 일용할 양식이 필요하고, 이 일용할 양식을 공급해 주는 원천이 비즈니스며 일이다. 우리는 시간 대부분을 일터에서 일하면서 보낸다. '먹고 살기 위하여 일합니다'라고 말하는 사람도 있다. 맞는 말이다. 일은 생활과 생존을 위한 필수적 요소이지 선택의 요소가 아니다.

기술 습득의 기회

비즈니스를 통하여 우리는 자신의 달란트를 계발하고 기술을 숙련하여 유능한 일꾼이 될 수 있다(갈 6:2-5). 하나님께서는 모든 사람에게 달란트, 곧 재능을 주셨다. 그런데 어떠한 재능이든지 그냥 계발되지는 않는다. 연습과 반복과 훈련이 필요하다. 이러한 과정을 거치면서 우리는 숙달되고 유능해진다.

생활비를 조달하는 창구

일은 일용할 양식의 담보가 된다. 한 걸음 더 나아가 나와 우리 가정의 경제와 재정을 책임져 주는 활동이다(살후 3:8; 요일 3:17). 우리는 일을 한 후 수고에 대한 대가를 받는다. 그 수입으로 우리는 필요한 것을 구매하기도 하고, 재정적인 책임과 의무를 수행한다. 개인과 가정의 재정적인 필요를 공급하는 대표적인 창구가 바로 일터에서 일하는 것이다.

선한 일을 위한 재정 확보

우리는 비즈니스와 일을 함으로써 선한 일을 위한 재정도 확보할 수 있다. 확보된 재정은 돕는 자의 입장에 서서 선한 일을 도모할 기회를 만들어 준다(마 19:21; 딤전 6:18). 예수님께서는 고아와 과부를 돌보라고 하셨다. 네 이웃을 네 몸같이 사랑하라고 하셨다. 또 우리에게 섬기는 자가 되라고도 하셨다. 이러한 모든 일에는 재정이 필요한데, 이 재정을 만드는 곳이 바로 비즈니스 현장이자 일터다.

봉사 수단

봉사 활동에 참여하는 방법은 다양하다. 비즈니스를 전개하는 과정에서도 다양한 봉사 활동을 할 수 있다. 여러 이유로 봉사에 참여할 시간을 내기가 곤란하다면, 적어도 일을 하면서 최소한의 재정 지원은 할 수 있다. 재정 지원도 봉사 활동을 주관하는 기관에는 큰 힘이 된다.

사랑의 실천 도구

성경 말씀은 '행함 없는 믿음은 죽은 것'이라고 가르친다. 비즈니스는 사랑을 실천하는 선한 도구다. 종업원을 포함하여 비즈니스 현장에서 만나는 모든 사람을 사랑하는 마음으로 품고 돕는 것은 선한 일이다(마 18:10; 롬 13:8; 약 4:17; 요일 4:19-21). 전도의 대상자를 일부러 만나러 가기는 쉽지 않다. 그러나 생각을 달리하면, 일상생활 속에서 만나는 모든 사람이 바로 전도의 대상이며 사랑을 실천할 대상이다. 일상, 곧 우리의 시간 중에서 가장 오래 머무는 곳이 바로 일터다.

1만 시간의 법칙

비즈니스를 지속하면 그 분야에서 실력이 쌓인다. 반복만이 숙달의 비결이다. 1만 시간을 투자하면 누구든지 그 분야의 전문가가 된다고 한다. 따라서 비즈니스를 통하여 우리는 우리가 원하는 분야의 전문가로 성장할 수 있다. 처음부터 잘하는 사람은 없다. 일하는 시간이 경과하는 만큼 지식이 쌓이고 방법을 터득하며 요령도 익히게 된다. 그리고 그 일에 전문가가 되어 다른 사람을 돕거나 가르쳐 줄 수 있다.

공통화 기술의 적용

비즈니스 세계에서는 한 분야를 정복하면 다른 분야를 정복하기가 좀더 쉬워진다. 기술도 마찬가지여서 기술을 하나 습득하고 나면 다른 기술을 습득하기가 쉬워진다. 최근에는 '융합'이라고 하여 다양한 분야의 비즈니스가 결합하며 분야를 넘나드는 일이 많다. 만약 1만 시간의 법칙으로 전문가가 되었다면 다른 분야의 전문가가 되는 데 좀더 수월함을 느낄 수 있다.

전도의 기회

함께 일하는 동료 앞에서도 빛과 소금으로 살아가기를 실천한다면, 비즈니스의 모든 과정은 전도의 기회가 된다. 어찌 보면 일터는 하나의 교회다. 비즈니스 선교사의 일터라면 더욱 그렇다. 일터는 교회고, 일터의 리더는 교회의 지도자와 마찬가지이다. 교회 사역과 일터 사역은 동일하다. 교회의 성장과 발전 역시 일터에서의 성장과 발전과 같은 개념이다. 결국 사람을 변화시키고 양육하는 과정이기 때문이다.

증인의 삶

그리스도인이라면 누구나 땅끝까지 이르러 증인이 되어야 하고, 항상 증인의 삶을 살아야 한다. 또 복음에 관해 묻는 사람에게 대답할 말을 준비하여야 한다. 비즈니스 현장에서도 복음의 증인 된 삶을 항상 드러내야 한다(벧전 3:15-17). 우리의 삶 자체가 선교며 전도다.

하나님께서 우리에게 세상의 빛이 되고 소금이 되라고 하셨다. 땅끝까지 이르러 예수 그리스도의 증인이 되라고도 하셨다. 그러므로 우리는 한 손에는 비즈니스를, 다른 한 손에는 복음을 들고 세상으로 들어가야 한다. 그리고 세상을 바꾸어 가야 한다. 바로 지금 가장 가까운 곳에 있는 이웃에게 예수 그리스도의 증인이 되는 것에서부터 모든 것이 시작된다.

이상의 관점에서 비즈니스는 반드시 필요하며, 잘 활용하여야 할 영역임이 분명하다.

비즈니스 선교의 실제 사례

이제 현재 진행되고 있는 비즈니스 선교의 사례를 통하여 그 방향성을 생각해 보자.

현지인의 비즈니스 역량을 강화하는 헌신

A는 캐나다 원주민을 위한 단기 선교 프로젝트에 참여하였다가 원주민들의 경제적 자립 의지가 매우 약한 것을 보고 돕고 싶었다. 그들의 경제적 자립을 도울 목적으로 캐나다 원주민 마을에 회사를 설립하고 현지에서 생산되는 고사리와 송이버섯 등 농산물을 수매하여 가공한 후 판매하는 사업을 시작했다. 현지인들의 소득을 보장하기 위해 적절한 가격을 책정하고, 일을 많이 한 사람에게는 적절한 인센티브를 부여하였다. 마을 사람들도 그의 순수한 열정을 인정하여 캐나다 원주민 공동체의 구성원으로 받아들였다. 사업은 지속적으로 성장하여 이익을 내고 있다.

지금은 현지인에게 사업을 인수인계할 방법을 연구하고 있다. 적절한 가격으로 회사의 주식을 파는 것이다. 또한 사업의 안정적인 성장을 위하여 사업 다각화도 준비하고 있다. 농산물은 계절성이 있기에 1년 내내 안정적으로 사업을 영위하기에는 약점이 있기 때문이다. 최근에 추진 중인 신규 사업은 벌목하고 제재소를 운영하여 목재를 가공하고 그 목재를 이용하여 가구를 생산하는 것이다.

A는 인내심을 가지고 캐나다 원주민의 경제적 자립, 자생력 성장을 목표로 노력하고 있다. 그래서 현재는 비즈니스를 통한 이익의 전부가 자립을 위한 교육과 훈련과 공동체 지원에 사용된다. A는 자신의 재능을 활용하여 현지인의 비즈니스 역량을 강화하기 위해 애쓰고 있다. 그리고 그간 실행된 실천 학습이 풍성한 열매를 맺을 것을 확신하며 응원하고 있다.

현지인의 학습 역량을 강화하는 헌신

각지에서 활동하는 선교사 중에는 교육 사업에 헌신하는 선교사가 많다. 교육 사업의 애로 사항 중의 하나는 학교 건축에 필요한 재정의 부족이다.

B는 이 문제를 해결하기 위한 NGO 단체를 설립하였다. 자비량으로 운영하면서 선교지에 학교를 건축하기 위한 재정은 모금 활동을 통해 충당하기로 했다. 먼저 선교사들의 신청을 받아서 검토한 후에 선정되면 홍보 자료를 만들어 필요한 재정을 모금한다. 그리고 모금으로 마련된 재정을 보내 학교 건축을 진행한다. 모금된 재정은 건축 재료비 및 건축 관련 자재 구입비로 사용하므로 학교 부지는 현지인들이 제공하게 하고, 건축에 필요한 인건비도 대부분 현지 마을 공동체의 노력 봉사로 대체한다. 이런 방법으로 진행하기에 2천만 원 정도의 재정만 모금되면 잘 갖추어진 학교 하나를 지을 수 있다. 학교 건물의 소유권은 당연히 마을 공동체에 있다.

처음에는 전 세계 가난한 나라에 학교 100개 정도를 건축하는 것을 목표로 했다. 그러나 예상외로 목표를 너무 쉽게 달성하는 바람에, 지금은 만방에 학교 1만 개를 건축하는 것으로 목표를 수정했다. 올 한 해만도 200여 개의 신규 학교 건축이 추진될 예정이다.

이러한 과정에서 신기술과 신공법을 활용하는 아이디어들도 접목되고 있다. 온라인 교육, 메타버스 기술을 활용한 사이버 학교, 학교 교재 제작, 교사 양성, 직업 훈련학교 설립 등도 병행하고 있다. 이 NGO 단체의 비전은, 이렇게 설립된 학교 출신들이 30년 후에는 그 나라의 각계각층의 리더가 되어서 그 나라의 미래를 책임지는 것이다.

비즈니스 리더들을 양성하는 헌신

비즈니스 리더를 양성한다는 것은 선교지의 청년 중에서 비즈니스에 관심 있는 청년들을 훈련하는 프로그램을 운영하는 것을 말한다. 선교지가 넓으므로 각 지역에 이 프로그램을 횡적으로 전개할 수 있다. 한 지역이 안정적으로 운영되면, 프로그램을 새로 시작한 지역을 돕도록 하는 것이다. 첫 번째 지역의 훈련 프로그램은 비즈니스 선교사가 주도적으로 운영하였다면, 두 번째 지역의 훈련 프로그램은 첫 번째 지역에서 배출된 리더들이 중심이 되어 주도하게 하고 비즈니스 선교사는 보조 역할을 한다. 그리고 세 번째 지역의 훈련 프로그램은 첫 번째와 두 번째 지역에서 배출된 리더들이 전적으로 주관하여 운영하도록 한다. 이때에는 비즈니스 선교사는 멀리서 지켜보면서 기도로 응원하기만 하면 된다.

모든 선교사는 제자를 양성할 때 자신에게 속한 제자를 만들면 안 된다. 선교사 자신이 먼저 예수 그리스도의 제자로서 예수 그리스도의 제자들을 양성해야 한다. 다만 훈련하고 교육하는 것에서 교육을 마무리한다면 양성된 제자의 홀로서기가 쉽지 않다. 지속적이고 꾸준한 관계가 유지되어야 제자들이 지속 가능한 비즈니스맨으로 양성될 수 있다.

이 사례들은 전적으로 선교지 현지인들이 스스로 일어서도록 돕고자 하는 것이다. 우리의 방식을 주입하거나 우리를 따르도록 하는 것이 아니라, 현지인이 성장하고 수준이 향상되도록 돕는 일에 집중한다. 방향을 안내하면서 현지인 스스로 할 수 있도록 응원하고 지원하는 방식이다. 이런 과정을 거쳐 자립하게 되면, 그다음에는 이러한 방식으로 남을 돕도록 안내한다.

　그들은 흥하여야겠고 우리는 쇠하여야 하리라는 생각으로 돕는 것이 비즈니스 선교가 나아가야 할 방향이라고 생각한다.

- 이강락(열방네트웍 이사)

2장

비즈너리로서 비즈니스 시작하기

앞에서 반복하여 살펴보았듯이 열방네트웍의 선교사는 비즈너리다. 비즈니스맨과 선교사의 역할을 모두 감당해야 효과적인 선교를 할 수 있다. 그런데 막상 선교 현장에서 혹은 파송 전에 비즈니스를 구상하다 보면 어떻게 해야 할지 막막할 때가 있다.

벤처 캐피털을 활용하라

비즈니스의 구성 요소가 사업 품목과 기술력과 자본력이라면, 자본력에 대한 부분은 벤처 캐피털을 활용하는 것도 좋다. 최근에는 창업 활성화 분위기에 편승하여 벤처 캐피털의 활동이 매우 활발하다. 특히 크리스천 벤처 캐피털리스트는 비즈니스 선교에 관심이 매우 크다. 더웰인베스트먼트도 창업자들이 매우 헌신된 크리스천으로서 선교적인 목적으로 만든 벤처 캐피털이다. 이들은 전문 벤처 캐피털리스트들로서 사업성 검토 및 사업의 영속에 대한 엄격한 잣대를 적용하기 때문에 이들과 비즈니스 이야기를 하는 것이 어찌 보면 부담스럽기도 하다. 그러나 냉정하게 생각해 보면, 사업성이 없는 비즈니스 아이디어는 문제가 있다. 비즈니스는 자선사업이 아니다. 비즈니스가 영속하기 위해서는 나름대로 경쟁력과 성장성을 가지고 있음이 증명되어야 한다. 비즈니스에서는 최고경영자의 안목과 실력만큼 비즈니스가 성장한다고들 말한다. 따라서 누가 어떠한 사업을 하고자 하는지를 신중하게 체크해야 한다.

다만 엄격한 체크 결과 부족한 점이 드러난다면 그대로 제외하거나 포기하기보다 이를 보완하는 방법을 전략적으로 검토할 필요는 있다. 벤처 캐피털 업계에 있는 사람들은 사업성 분석에는 전문가이다. 따라서 이들의 평가를 귀담아듣는 것은 비즈니스 현장에서 실수를 줄이는 좋은 방법이다. 특히 벤처 캐피털의 전문 인력은 비즈니스에서 값진 경험과 교훈을 체득한 이들이 많으므로 실질적인 도움을 얻을 수 있다.

기업 네트워크를 활용하라

선교 현장에서 성공적으로 비즈니스를 해내기 위해서는 비즈니스 후원 기업을 모집하고 동역 기업군을 만드는 것도 매우 좋은 방법이다. 기업 네트워크를 활용하라는 말이다. 이에 관해 활용하고 협력할 만한 좋은 기업체 사례가 있어 소개한다.

50개국의 문을 연 (주)제이시스메디컬

(주)제이시스메디컬는 2004년에 설립되어, 성형외과 및 피부과 병원에서 사용되는 의료기기를 생산, 판매하는 회사이다.

이 회사는 초기에 어려움을 많이 겪었다. 품질에 문제가 발생하였는데 회사 내부의 역량으로는 그 문제들을 해결하기에 벅찼다. 문제를 해결하기 위해 다양한 방법을 시도하는 가운데 외부 전문 인력을 많이 영입하였고, 내부적으로는 다양한 학습을 진행하였다.

강동환 대표는 이 문제를 해결하고자 신앙적으로도 노력하였다. 매주 전 직원 대상으로 정기 예배를 드리기도 하고, 사내에 신우회를 조직하여 활동을 장려하고 다양한 성경 공부 모임을 만드는 등 기업 문화를 성경적 가치관에 부합하게 하려고 애썼다. 이러한 노력의 결과로 인간 능력의 한계를 많이 느꼈고, 겉으로 보이는 신앙적 활동보다 내면 깊이 하나님과 교제하는 것이 더 중요함도 알게 되었다. 이 회사는 매출액의 상당 부분이 수출에서 발생한다. 수출을 많이 하는 업체 특성상 특별 세무조사를 받았는데, 여타 회사와는 달리 정직하고 검소하게 경영한 회사로 판명되어 세금 추징이 없다는 결론이 나오기도 했다.

2020년 3월에는 코스닥 시장에 상장하여 많은 사람으로부터 주목을 받는 기업이 되었다. 이 회사는 꾸준히 성장하여, 2022년 기준 매출액이 1,100억 원, 순이익이 350억 원 정도이며, 2023년도에는 예상 매출액이 1,500억 원이고 순이익도 500억 원을 목표로 하고 있다. 이 회사 매출액의 80% 정도가 수출에서 나오며. 수출국도 무려 50여 개국에 이른다. 이는 50개국에 판매망이 구축되어 있다는 것을 의미한다. 의료기기를 생산하여 판매하다 보니, 해외에도 판매망 확장과

A/S 문제를 처리하기 위한 서비스 센터를 보강하는 일이 절대적으로 필요하다.

　선교사는 사실 해외 전문가이기도 하다. 현지에서 생활하는 사람이므로 가장 실질적인 방법과 대안을 가지고 있을 수밖에 없다. 그리고 현지 선교사의 과제 중 하나가 그곳에서 양육한 현지 청년들이 좋은 직업을 갖도록 도와주는 것이다. 이를 잘 검토하면 해외 비즈니스 선교의 좋은 협력 방법을 만들 수 있다. 해외에서 A/S센터를 운영하거나, 선교지 현지의 판매망에 참여할 기회가 생기기 때문이다.

　㈜제이시스메디컬뿐 아니라 어느 회사든지 국제화와 세계화 시대에 부응하고 해외 진출을 추진한다면, 그 과정에서 비즈니스 선교의 기회를 찾을 수 있다. 한국 기업의 수출 및 해외 진출이 매우 활발하고 적극적이다. 이러한 기업들과 어떠한 모양이라도 협력하는 것은 비즈니스 선교에서는 매우 소중한 기회가 될 것이다.

하나님이 기뻐하시는 일을 하고자 하는 아모텍 그룹

　아모텍 그룹을 창업한 김병규 대표는 신소재 개발 및 생산 판매를 목적으로 사업을 시작하였다. 2004년도에 아모텍이 코스닥에 상장되자, 하나님께서 이와 같이 사업의 기회를 주신 목적이라고 생각하고 새벽기도를 시작했다. 그러한 과정에서 성경적인 가치관으로 사업을 하는 것이 옳다는 것을 깨닫고 결단하였다. 회사의 경영 방침을 '하나님이 기뻐하시는 일을 하자'로, 경영 이념을 '믿음, 소망, 사랑'으로 정하였다. 매주 직원들과 함께 예배드리는 것을 원칙으로 하고, 회사가 하나님을 경외한다는 것을 나타내기 위하여 공장 외벽에 십자가 모형을 게시하기도 하였다.

또한 아모텍에 도움을 요청하는 손길이 있으면, 검토하여 지속적으로 그 일에 참여하고 있다. 예를 들어, 보육원 원생들의 자립을 위해 매월 저축 형태로 장학금을 지원하고 있고, 음악 전공자들의 진로가 어렵다는 이야기를 전해 들은 후로는 사무직이나 관리직 인원을 채용할 때 음악 전공자를 우선하여 배려하기도 한다. 복음에 얼마나 진심인지, 직원 채용 시 면접을 하면서 복음을 전하였다고 하여 문제가 된 적이 있을 정도이다.

신앙에 열심인 만큼 업무에도 열심을 다한다. 신소재 개발을 적극적으로 추진하여 다양한 사업군으로 제품을 확장하고 있다. 전자부품으로 사업을 시작하였는데 지금은 자동차 부품이나 화장품 분야까지 진출하였다. 다양한 제품을 사업화하는 과정에서 회사도 그룹으로 성장 발전하였다. 이 중에서 아모텍과 아모그린텍과 아모센스는 코스닥에 상장하기도 하였다.

아모텍 그룹은 실질적으로 복음을 전하는 일과 성경적인 가치관을 보급하는 일과 일터 현장에서 성경적 가치관으로 살아 내는 것에 관심이 많다. 다양한 사업들을 전개하고 있기에 국내외에서 다양한 협력 및 후원이 가능할 것으로 생각된다.

고아와 과부를 돌보는 마음을 가진 리디아 알앤씨

리디아 알앤씨는 '헬렌스타인'이라는 브랜드명으로 베개 등 침구류를 판매하는 회사이다. 이 회사를 창업한 임미숙 대표는 고아와 과부를 돌보는 마음이 진정한 이웃 사랑이라는 믿음으로 회사를 경영하며, 회사의 직원들을 격려하여 왔다. 청년들과 경력 단절 여성들의 일자리 창출에 많은 관심을 보이고 있으며, 직원들의 능력 향상과 자기 계발에 아낌없이 투자해 오고 있다. 그래서인지 회사는 하나님의 은혜로 오늘날까지 사업을 해왔다는 감사의 마음으로 나눔과 섬김에서 솔선수범하며, 따뜻한 분위기를 가지고 있다. 직원들의 출산을 적극 장려하고 지원하는 기업 문화가 특징이다.

과거에는 온라인 판매와 오프라인 판매를 겸하였으나 현재는 온라인 판매에 주력하고 있다. 사옥과 물류센터가 일산에 있어서 경기 동북부 지역에서 활동을 많이 한다. 선교단체인 IVF 출신이라는 점 때문에 비즈니스 선교와 직장 선교에 큰 관심을 가지고 참여해 왔으며, IVF 출신 기업인들과 긴밀한 소통을 하면서 비즈니스 영역에서 하나님 나라의 가치를 구현하는 일에 앞장서 왔다. 국내뿐만 아니라 해외의 많은 사역에 직·간접적으로 참여하였다. 따라서 리디아 알앤 씨는 비즈니스 선교 영역이나 전문인 선교 영역, 해외 선교의 영역에서 좋은 협력과 동역을 할 수 있는 기업체라고 할 수 있다.

제자와 비즈니스맨을 함께 양육하는 (주)이케이텍

이케이텍 봉제 공장은 현지인 제자와 비즈니스맨을 키우는 좋은 사례다. (주)이케이텍은 비즈니스 선교를 목적으로 설립된 회사다. 옷을 디자인하고 만들어 전 세계로 판매하는 의류 사업을 하고 있다. 옷은 각 나라의 필수 품목이므로 전 세계에 네트워크를 구축할 방향성을 검토하고 있다. 마치 스타벅스나 맥도날드가 전 세계에 매장을 가진 것과 마찬가지다. 일단 국내에서 자리를 잡은 다음에 미국과 영국을 비롯한 선진국에 도시형 봉제 공장을 만들고, 그 후에 전 세계로 확장하여 곳곳에 도시형 봉제 공장을 만들어 운영할 계획이다. 이를 비즈니스 선교에 잘 접목하고 협력한다면, 좋은 사례를 만들 수 있다고 본다.

　현재 이케이텍은 중앙아시아에서 유학 온 투르크메니스탄 청년들을 훈련하고 있다. 투르크메니스탄의 청년 중에는 한국어, 영어, 러시아어, 투르크멘어에 유창한 청년도 있다. 이들과 함께 중앙아시아 등지에서 비즈니스 선교를 전개하는 것은 매우 효과적일 것이다. 또한 이케이텍에서는 봉제 경험이 전혀 없는 미숙련자에게 봉제 일을 가르쳐서 직종으로 활용하는 방법도 검토하고 있으며, 반자동 봉제 기계를 자체적으로 설계 제작하여 사용 중이다.

　이처럼 이케이텍 국내 공장이 현지인 제자와 비즈니스맨을 양성하는 훈련 센터의 역할을 하고, 또 자체적으로 훈련된 인력을 활용하여 전 세계에서 비즈니스 선교를 감당하는 좋은 모델이 될 것이다.

　몇몇 사례를 살펴보았다. 사실 모든 비즈니스는 살아 있는 생명체와 같아서 수시로 환경 변화의 영향을 받는다. 다시 말해서, 오늘까지 사업이 매우 잘되어도 내일 특별한 환경 변화로 사업의 큰 위기를 맞을 수 있다는 것이다. 그래서 협력 기업들과 업무를 추진할 때 반드시 명심하여야 할 것이 바로 오늘에 집중하라는 것이다. 장기적인 계획도 중요하지만, 바로 지금 그 기업과 어떠한 협력이 가능한 것인지를 판단하고 바로 시작할 수 있는 것부터, 작은 것부터라도 시작하는 것이 좋다. 위기와 기회는 항상 찾아오고 반복된다는 것을 생각하고, 미래를 희망으로 설계할 것을 권한다.

- 이강락(열방네트웍 이사)

3장

의류 매장에 뿌려진 복음의 씨앗

A국에 2000년대는 하나님께서 허락하신 부흥의 시간이었습니다. 가정교회뿐 아니라 경제적으로도 A국이 성장하는 시점이었습니다. 그저 바람에 몸을 의지하듯 보잘것없는 작은 삶이지만, 그 삶을 하나님께 드렸을 때 하나님이 허락하신 부흥의 물결을 경험할 수 있었습니다.

내가 처음 사역을 시작한 A국은 무신론을 따르는 사회주의 국가입니다. 신의 존재를 거부하기 때문에 복음 제시가 어려울 것처럼 보이지만, 한편으로는 그렇기 때문에 오히려 하얀 도화지와 같아서 절대적인 존재를 믿고만 있다면 우리가 전하는 복음의 메시지를 그대로 흡수하는 경우가 많았습니다.

언어를 배우던 미혼 때는 현지 친구와 단기로 헌신한 형제, 이렇게 셋이 함께 생활하면서 매주 주변의 친구들을 초대해서 식사와 차를 나누며 서로를 축복하곤 했습니다. 작은 촛불 하나에도 서로의 삶을 나눌 수 있는 분위기가 형성되었습니다. 그때는 그랬습니다. 기타 하나만 칠 수 있어도, 간단한 화음만 넣을 수 있어도 현지 대학 입학식 때 초대되어서 축하 공연을 함께 준비할 수 있었습니다. 또 환영받으며 캠퍼스를 마음껏 드나들며 삶에 지쳐 있는 친구들을 찾아 앞으로 다가올 미래와 인생에 대해서, 더 나아가 나의 주 나의 하나님을 소개할 수 있었습니다.

언어 습득 과정을 마치고 장기 사역을 위해서 2002년 '야곱의 꿈을 주님께 드린다'라는 마음으로, 대학 정문 가까운 곳에서 아내와 함께 'DREAM(드림)'이라는 여성 의류 매장을 시작하였습니다. 당시 교육도시인 S시는 매년 교사가 되기 위해 300여 명의 B 소수민족 무슬림뿐만 아니라 전국 대도시에 있는 인재들이 물밀 듯이 몰려와 사범대학에 진학했으며, 외국어대학도 같이 자리 잡고 있었기 때문에 캠퍼스 사역과 가정교회 사역에는 최적의 장소로 여겨졌습니다. 부푼 꿈을 가지고 몇몇 분의 투자를 받아 시작한 여성 의류 매장을 통해 캠퍼스 사역과 가정교회를 함께 시작하였습니다.

그런데 그해 겨울 사스(SARS)가 발생하여 매장을 시작한 지 6개월 만에 대학은 완전히 폐쇄되었습니다. 심지어 도매 시장도 문을 닫아서 물건을 팔 수도 살 수도 없었습니다. 주위의 상점도 대부분 문을 닫은 상태였습니다. 매장에서 근무하던 직원들 중에는 가정교회 리더도 있었고 결혼하여 가정을 꾸린 직원도 있었습니다. 인생의 방향을 바꾸고 우리와 함께하기로 결정한 지 몇 개월도 되지 않아서 '사스'라는 큰 장벽을 만나 다들 당황했습니다.

경영자로서 경제적인 상황만 고려한다면 잠시 문을 닫고 이 시기가 지나기를 기다리는 것이 맞다고 판단했습니다. 그러나 한편으론 서로 짐을 나누어 지면 어느 정도는 견딜 수 있지 않을까 생각했습니다. 그렇게 6개월가량 믿음의 공동체로 지체들과 함께 보이지 않는 길에서 버티며 기다렸습니다. 언제 끝날지 알 수 없던 절망적인 시간이 흐르고, 어느 날 아무런 예고도 없이 '내일 사스로 인한 봉쇄를 종료하고 전면 개방하겠다'라는 방송이 나왔습니다. 6개월 동안 대학 안에 갇혀 있던 학생들은 지금까지의 갑갑함을 표출하듯 대학 밖으로 뛰어나와 물건을 구입하기 시작했습니다. 대학 주위 의류 매장 가운데 유일하게 문을 열고 있었던 우리 매장은 한 달 매출액이 1년 매출액을 넘는 놀라운 기적을 맛보았습니다. 이후 우리 단체에서 운영하던 또 다른 의류 매장까지 함께 관리하면서 일상 가운데 그리스도인으로 살아가는 기쁨을 허락해 주셨습니다.

'사스'는 우리에게 무슬림과 만날 수 있는 또 하나의 길을 열어 주었습니다. 6개월간 대학 안에서만 지내는 동안 B 소수민족 학생들을 위한 할랄 음식이 제대로 제공되지 않았습니다. 그래서 종종 대학 안에 갇혀 있는 무슬림 친구들을 위해 할랄 음식을 전달해 주면서 그들과 친구가 되었습니다. 이후 몇몇 무슬림 친구에게 복음을 제시할 기회도 얻어서, 무슬림 사역에 대한 꿈과 더불어 A국 선교의 비전을 지체들과 나누며 실크로드를 따라 예루살렘까지 복음이 흘러가길 함께 기도했습니다.

의류 비즈니스를 성공적으로 할 수 있었던 데에는 동역자인 아내의 역할이 컸습니다. 한국에서는 교회라는 울타리 안에서 사역했기 때문에 교회 일 외의 은사는 알 수가 없었습니다. 그러다가 A국에서 여성 의류 중심의 비즈니스를 하며 '나에게 이런 은사가 있었나' 하며 몰랐던 자신을 발견하였다고 합니다. 자녀가 없었기 때문에 물건을 구매하기 위해 타 도시로 갈 때도 함께 갈 수 있었습니다. 물건을 구매하기 위해서 여성 잡지를 보며 트렌드를 찾고 수요를 위해 리서치를 하면서 사역에도 적극적으로 동참하며 열심히 살았던 것 같습니다.

미혼에다 목사 안수도 받지 않고 IMF 당시 선교지로 떠날 때 대부분의 지인들이 걱정했지만, 매장 수익을 통해 현지 직원 14명의 급여뿐만 아니라 지역팀과 캠퍼스팀, 가정교회까지 지원할 수 있어서 감사가 넘치는 시간이었습니다. 하나님은 이 시간을 통해서 하나님께서 어떻게 일하시는지 이론이 아닌 삶을 통해서 경험하게 하셨습니다. 이 모든 일을 동역하는 현지인들도 함께 경험하고 이겨 내면서 신앙적으로 크게 성장하였습니다. 복음 전도를 위해 내가 직원들에게 많은 신학 이론을 나눌 필요가 없었습니다. 물론 우리는 현지인들과 함께 기도하고 성경을 공부하고 예배를 드리고 말씀을 나누고 또 그들을 가르칩니다. 그러나 가장 영향력이 있는 것은 그리스도 안에서 그들과 함께 살아내는 매일매일의 삶이었습니다.

비즈니스는 말씀을 지식적으로 나누는 것을 넘어서 주님의 동행과 인도하심을 함께 경험하는 삶의 현장이었습니다. 대부분의 매장이 비용 절감을 위해 하루 10시간씩 일하던 시절이었지만 우리 매장은 2교대를 하며 현지 삶의 필요에 따라 책정된 급여와 근무 시간을 조절했습니다. 직원들의 생일 때마다 회식을 했는데, 그들은 태어나서 처음 자신의 생일 파티를 하고 케이크를 받는다며 감격하고 감사해했습니다. 하나님께서 주신 거룩한 터(의류 매장)에서 직원들과 함께하며 보낸 행복한 시간은 무엇과도 바꿀 수 없는 소중한 축복의 시간이었습니다.

가정교회 지체들, 직원들과 함께 선교 A국을 꿈꾸며 각자의 삶과 기도 제목을 붙들고 기도했던 시간들이 그립습니다. 비전트립으로 장족과 회족 지역을 다녀오며 함께 밤새도록 불렀던 찬양이 기억납니다. 항상 받기만 할 줄 알았는데 처음으로 떡과 복음을 나누어 주는 삶을 살게 되는 기쁨을 누렸습니다. 일터와 캠퍼스 가운데 세워진 가정교회에서 매주 드리는 예배와 밥상 공동체가 그립습니다. 외부의 눈을 피해 계곡을 찾아 처음으로 침례로 드린 세례식의 감격과 감동이 생생합니다. 물건 구입을 위해 매달 이 도시에서 저 도시로 20시간씩 기차로 다니던 일이 떠오릅니다. 학기가 마칠 때마다 함께 준비하며 즐거워했던 친구 초대의 밤, 민속촌 지하 요동에서 각 가정교회 친구들과 함께 모였던 수련회, 의료팀과 함께했던 시골 지역 의료 지원 활동 등 일일이 나눌 수는 없지만 모두가 하나님께서 함께하셨던 축복의 시간이었습니다. 나만이 아니라 현지 친구들에게도 주님의 선한 손길을 경험하는 시간이었습니다.

또한 이 매장의 상호와 물건을 요청하는 업체들이 하나둘씩 생기면서 우리는 S시 주요 거점 지역에 매장을 열었고, 복음이 들어가지 못하는 주변의 중소 도시에도 매장을 열며 그곳에 가정교회를 세울 준비를 하였습니다. 그 과정 가운데 현지 직원 중에서는 꿈과 비전을 품고 가족들의 도움을 받아 자기 매장을 운영하는 지체들도 한두 명씩 생겨났습니다.

첫 사역 때, 짧은 기간에 사업과 사역의 많은 성장을 경험했으나 비즈니스와 사역을 좀더 체계적으로 성장시키기 위해서는 준비가 필요함을 느끼고 잠시 본국에 귀국하였습니다. 그런데 예상치 못한 본부 상황 때문에 현지로 돌아가지 못하고 한국 본부 사역을 하게 되었습니다. 지금도 현지에서 함께 비전을 품고 꿈꾸며 기다리던 친구들을 생각하면 마음 한 곳에 미안함이 가득합니다. 4년의 현지 공백기에 A국에 새롭게 리더십이 형성되어서, 나는 '실크로드 라이프로드' 비전을 좇아 P국으로 발걸음을 옮겨 새롭게 사역을 시작했습니다. 물론 A국과는 다른 상황, 다른 사역이 이어졌지만 말입니다.

10여 년의 시간이 흐른 후 SNS를 통해서 그때 함께했던 A국 현지 친구들과 연결이 되어서 A국에 들어가 만난 적이 있었습니다. 놀랍게도 당시 친구들 대부분이 사회뿐 아니라 가정교회에서도 리더로 잘 섬기고 있었습니다. 예전에 만났을 때는 다들 평범한 대학생 정도로만 생각했는데, 이제는 대부분 현지에서 지도자 역할을 할 수 있는 사람으로 준비되어 있었습니다. 그중에는 대학교수뿐 아니라 회계사 사무실을 운영하며 현지에 자리를 잘 잡아 ANN 멤버들의 비즈니스를 돕는 친구도 있었고, 해외 선교사로 헌신한 자매도 있었습니다. 모두를 만나지는 못했지만 만나는 내내 감사가 넘쳤습니다. 각자 삶의 이야기를 나누며 씨 뿌리는 비유를 생생하게 경험했습니다. 우리가 씨를 뿌리고 심었지만 자라게 하시는 이는 하나님이었습니다.

지금 돌이켜 보면, 선교 혹은 사업이라는 거창한 단어를 제쳐놓더라도 외국 경험뿐만 아니라 사업이라는 단어조차 생소했던 시절이었습니다. 열방네트웍을 통해서 노동과 창업 과정 가운데 경험한 정도가 전부였던 시절, 나 자신을 바라보고 선교와 사업을 이야기하면 될 이유보다 안 될 이유가 더 많았던 두려운 시간이기도 하였습니다.

"주님이 하셨습니다."

지나온 시간을 돌이켜 보면, 젊은 날 삶의 현장에서 구원의 기쁨을 나누며 주님과 동행하던 순간순간들이 내 인생 그 어느 때보다 행복하고 감사가 넘친 시간이었습니다. 가끔씩 힘들 때면 A국에서 배웠던 찬양을 흥얼거리며 지금까지 인도하신 하나님을 바라봅니다.

    캠퍼스 시절 읽었던, 지금도 흐릿하게 기억 가운데 남아 있는 문구가 있습니다. 바울이 떠나고 초대교회에 남겨진 자들은 신앙의 경험이 전혀 없는 자들이었습니다. 하지만 그들이 부흥할 수 있었던 이유 세 가지를 나열한 글입니다. 첫째, 철저히 하나님 말씀을 의지하였습니다. 둘째, 다른 사람들과 복음을 나누었습니다. 셋째, 성령 하나님이 행하실 것을 기대하며 기도하였습니다. 이것이 우리가 비즈니스 선교를 감당할 수 있었던 능력이 된 것 같습니다.

- 송야곱(선교사)

4장

'K-FOOD'로 사역의 2막을 열다

새로운 곳으로 보냄을 받다

A국에서 1차 사역을 마치고 국내로 들어와 본부 사역을 감당하였다. 기회가 되는 대로 재파송을 준비하였지만 A국 사역의 기회는 쉽게 열리지 않았다.

2차 파송을 위해 오랜 시간 기도하는 가운데 P국의 학교 사역에 대한 필요를 들었다. 하지만 학교 교육 사역은 경험도 없고 내가 준비해 온 사역이 아니었기에 선뜻 응하지 못했다. 40대 후반의 나이에 새로운 언어와 문화를 배우며 처음부터 다시 적응해야 한다는 것도, 그리고 큰 수술 후 완전히 회복되지 않은 아내를 데리고 가는 것도 나에겐 굉장한 도전이었다.

"믿음이 없이는 하나님을 기쁘시게 하지 못하나니 하나님께 나아가는 자는 반드시 그가 계신 것과 또한 그가 자기를 찾는 자들에게 상 주시는 이심을 믿어야 할지니라"(히 11:6).

되돌아보면 준비된 상황에서 시작한 일은 하나도 없었다. 늘 현장에서 상황에 맞게 신실하게 이끌어 주시고 어려운 순간마다 새 길을 내어 주신 그분의 인도하심이 있었기에 지금까지 왔음을 고백한다. 지금 상황과 여건이 맞지 않고 또 나에게 많은 약점과 부족함이 있더라도 그런 나를 지금까지 사용하시고 이끌어 가셨던 주님의 신실함을 믿고 P국에 가기로 결정하였다.

P국에 세운 학교는 15년 전에 유치원으로 시작으로 하여 현재 초등학교와 중학교에 이르렀다. 크지는 않지만 기독교 학생과 무슬림 학생 약 100여 명을 가르치며 운영하고 있었다. 그동안 많은 선교사가 어려운 재정 상황을 극복하면서 헌신과 수고로 학교 사역을 이끌어 왔다. 나와 우리 가족은 그 뒤를 이어 이 학교 사역을 위해 P국으로 갔다.

하지만 P국에 들어온 지 3개월도 되지 않은 시기에 코로나의 광풍이 전 세계를 휩쓸었고, 이에 따라 학교에도 기약 없이 휴교령이 내려졌다. 설상가상으로 지금까지 학교를 운영해 온 선임은 코로나가 시작되면서 건강상의 이유로 한국에 들어갔는데 검진 결과 더는 사역을 감당하기 힘들 정도로 몸이 상해 있었다.

참으로 막막했다. 이제 막 입국하여 언어도 자유롭지 못한 내가 코로나로 긴급한 상황 속에 있는 학교를 혼자서 수습해야 한다는 사실에 무척 당황했다. 코로나로 인해 수업이 어려운 데에다 재정적 부담이 컸고, 더불어 나의 상황이 학교를 안정적으로 운영하기는 힘들다고 판단하고 결국 본부와 상의하여 학교를 정리했다.

　이곳에서 학교 교육 사역에 헌신하며 건강한 학교를 세워 가겠다는 계획으로 어렵게 결심하고 들어왔다가 1년 만에 학교를 정리하고 말았기에 깊은 우울감으로 힘든 시간을 보내야 했다. 제대로 시작해 보지도 못하고 오랜 시간 선임들이 애쓰고 수고해서 세운 성과를 헛되게 한 것 같아 스스로 심하게 자책하기도 했다.

> "내가 너와 함께 있어 네가 어디로 가든지 너를 지키며 너를 이끌어 이 땅으로 돌아오게 할지라 내가 네게 허락한 것을 다 이루기까지 너를 떠나지 아니하리라 하신지라"(창 28:15).

　사역의 방향을 잃어버리고 '사역을 정리하고 다시 본국으로 돌아가야 하나?' 하며 심각하게 고민할 때 나에게 힘이 되었던 말씀이다. 내 주변에 아무도 없는 것 같고, 기존 사역을 정리했으니 앞으로 무슨 사역을 어떻게 시작해야 할지 알 수 없었다. 이처럼 막막한 상황 속에서 '내가 네게 허락한 것을 다 이루기까지 너를 떠나지 않겠다'라고 주님이 나에게 약속해 주시니, 그 어느 것보다 큰 위로와 힘이 되었다. 말씀으로 새 힘을 얻고 새로운 길을 여시는 하나님을 기대하며 사역에 대한 방향을 묻고 또 물었다.

'K-Food' 사업을 시작하다

　앞으로 이곳에서 지내야 하기에 당장 비자 문제 해결이 시급했다.

학교를 정리하고 나니 비자 기간이 두 달밖에 남지 않았다. 두 달 안에 새로운 회사를 설립하고 비자를 받아야 하는 상황이었다. 내가 법인 대표가 되고 아내는 이사로 해서 법인 회사를 세웠다. 회사 설립과 비자를 받는 과정은 함께한 동료들과 주변 선생님들의 도움을 받아 기적과 같이 해결되었다. 하나님의 손길이었다.

본국에 있으면서 비즈니스 훈련을 통해 배운 것이 회사를 세우고 준비하는 데 큰 도움이 되었다. 그리고 배운 내용을 다시 기억하며 필요한 리서치를 하고 하나씩 적용해 보는 재미도 있었다. 이왕 비즈니스를 시작할 거라면 현지인들에게 도움을 줄 수 있는 일을 하고 싶었다. 가난하고 소외된 이들과 함께할 수 있는 일을 찾아보니 제조업이 적합했고, 내가 쉽게 접근할 수 있는 아이템 중에서는 한국 식품이 가장 가능성이 크다고 판단했다. 개인 사업자로 있던 분이 이 일에 참여하면서 아내 대신 이사로 합류하였다. 우리는 한 사람당 300만 원의 자본금을 가지고 소규모로 비즈니스를 시작하였다.

첫 번째로 김치를 만들어 판매하기로 하고 준비에 돌입했다. 김치를 만들려면 기본적으로 배추와 무 그리고 각종 양념을 구해야 하는데, P국은 더운 나라라서 배추가 쉽게 무르고 소비도 없어서 취급하지 않아 겨울철인 12~2월 외에는 구하기가 쉽지 않았다. 이곳에서 재배되는 고추는 너무 매워 김치에 넣기에 부적합했다. 재료 확보를 위해 채소 도매 시장을 직접 발로 뛰어다니며 여름에도 배추를 공급받을 수 있는 길을 찾았고, 드물긴 하지만 맵지 않은 고추가 시장에 나올 때마다 구매해서 틈틈이 고춧가루를 준비해 놓았다.

그 가운데 예상 밖의 어려움도 많았다. 구매해 온 고추를 보니 흙밭에서 널어 말린 것이어서 흙과 먼지로 지저분했고 꼼꼼하게 관리하지 못해 곰팡이가 핀 것도 많았다. 할 수 없이 하나하나 손으로 닦고 골라내야 해서 일손이 많이 필요했다. 잘되었다 싶어 일거리가 필요한 동네 아주머니들을 대상으로 아르바이트 일거리를 제공했다. 소개로 찾아왔다며 가난한 과부들이 사무실에 찾아와 일거리를 받아 가기도 했다. 비록 단순한 일이지만 일이 필요한 자들에게 이렇게라도 공급해 주고 도울 수 있음에 감사했다.

깨끗하게 손질된 맵지 않은 고춧가루를 생산한다고 하니 이곳에 있는 한국인들이 너무 반가워했다. 이들은 대부분 선교사인데 그동안 현지에서 고춧가루를 구하지 못하여 한국에서 무겁게 들고 왔다고 했다. 이들의 수고도 덜어 줄 수 있다고 하니 여간 반갑고 좋은 소식이 아닐 수 없었다.

P국에서는 김치 하나를 만드는 데만도 이렇게 많은 수고로움이 필

요하다. 현재 2개월에 한 번씩 김치를 100kg 정도 담근다. 생산된 김치는 대형 매장에 매주 납품하고 있다. 아직은 이들에게 김치가 생소한 음식이어서 쉽게 사지 못하고 호기심에 찾는 정도이다. 그러나 외국에서 김치를 먹어 본 사람들도 꽤 있어, 이들이 주로 매출을 올려 준다. 처음에는 마트 여덟 곳에 납품하며 시작했지만, 경쟁 업체와의 파워 게임 때문에 매출이 가장 좋은 매장 세 곳에서 철수해야 했다. 매장 철수를 계기로 배달을 시작하였고, 현재는 배달이 판매의 50%를 차지하고 있다.

이곳 고객들에게 김치는 건강식품(health food)으로 인식되고 있다. 참 감사한 일이다. P국의 음식은 대부분 기름에 튀기거나 볶아서 요리하기 때문에 지방을 과다 섭취하여 비만과 성인병이 보편화되어 있다. 이 나라 국민의 사망 원인 1위가 심장질환이다. 오랜 시간 이어져 왔기 때문에 이들의 식생활 패턴이 쉽게 바뀌지는 않겠지만, 건강한 식단으로 바꾸는 일은 이들에게 매우 중요한 문제이다. 그래서 K-Food를 통해 지속해서 건강한 음식을 소개하고 확산해 가려고 한다. 김치를 시작으로 앞으로 건강한 음식을 다양하게 제공하며 이들의 건강한 삶에 조금이나마 도움이 되고 인식의 변화를 만들 수 있기를 소망한다. 이 땅에서 현지인들의 몸의 건강을 돕고, 어려운 자들과 함께 일하며, 영혼을 구하는 일들을 K-Food 사역을 통해 이루어 가길 기도하며 열심히 감당하고 있다.

나는 K-Food 사업을, 그것도 이 땅 P국에서 시작할 것이라고는 전혀 예상하지 못했다. 그래서 생산부터 관리, 영업, 그리고 재정의 모든 일을 직접 경험하면서 지금까지 몰랐던 비즈니스의 다양한 분야를 공부하며 배우고 있다.

새로운 사업으로 사역을 확장하다

K-Food 비즈니스를 통해서 좋은 먹거리를 제공하고, 사람들에게 일자리도 제공한 이후에는 좀더 직접적으로 현지인들을 도울 수 있는 사역을 시작하였다. 이 사역은 어떻게 하면 크리스천 가정이 사회 가운데서 자립해 갈 수 있을까 하는 마음에서 출발했는데, 바로 가난한 자들에게 릭샤를 지원하는 프로젝트다. 릭샤는 P국의 대중적인 교통수단이다. 릭샤를 운영하면 한 가족이 생활할 수 있을 정도로 수입을 얻는다. 릭샤는 한 대 가격이 200~250만 원 정도라서 가난한 자들은 일시금으로 구매할 수가 없다. 그래서 먼저 우리가 구매해서 그들에게 임대하고 구매 비용만큼 무이자 할부로 갚으면 본인 소유로 이전해 준다. 할부로 받은 돈으로는 릭샤를 재구매해서 다른 사

람을 지원하는 데 쓴다. 릭샤를 지원할 때는 사역자가 보증인이 되어 사역을 진행한다. 현재는 다섯 대를 지원해서 운영하고 있고, 일주일에 한 번 만남을 갖고 격려도 하며 진행해 가고 있다.

우리가 지원해 준 릭샤는 지원받은 이들에게 큰 도움이 되었다. 일거리가 없어서 매일 걱정하다가 이제는 새로운 삶을 꿈꿀 수 있고 가족들이 함께 웃을 수 있다는 말을 들을 때마다 이 사역이 이들에게 실질적인 도움이 되고 있다는 사실에 감사할 뿐이다.

K-Food를 통해 이 땅에 새로운 길을 내신 하나님께 감사하며, 오늘도 이들과 함께 웃으며 즐겁게 주어진 일을 하는 하루하루가 감사하다.

- 이복음(선교사)

5장

커피를 볶으며 복음을 나누다

"Silk Road Life Road." 실크로드 선상에 영적 대수로를 뚫어 주님의 다시 오심을 예비한다는 비전을 따라 A국을 거쳐 아내, 어린 세 자녀와 함께 P국으로 왔습니다.

A국과 다르게 P국 사람들은 동양인에 비해서 몸집이 컸습니다. 이슬람 전통을 지키는 그들, 매일 입고 생활하는 전통복과 하루에 다섯 번씩 울리는 아잔을 따라 기도와 신앙고백을 하는 것을 바라보며 처음으로 문화적 충격을 느꼈습니다.

이 땅에 정착하던 첫해는 우리 집과 얼마 떨어지지 않은 모스크와 경찰서에서 큰 폭탄테러가 있었습니다. 집의 문이 요동치고 모래 폭풍이 집 안으로 몰려 들어와 놀란 마음에 집밖으로 나가면서도 그때는 그것이 무엇인지도 모르고 지나갔습니다.

그러나 40도가 넘는 더위는 그 무엇보다도 적응되지 않았고, 매일 몇 시간씩 지속되는 정전, 외국인에 대한 동경과 신기함 속에 이어지는 속임수와 계속되는 협상에 하루하루의 삶이 힘겨웠습니다. 더위를 피해 찾았던 북쪽 산간 도시에서 갑자기 시위대를 맞닥뜨려 차량의 앞 유리에는 벽돌이 와서 박히고 차 뒷면 유리는 날아온 돌에 깨지는 테러를 당한 적도 있습니다. 뒷자리에 아이들이 있었는데 감사하게도 다치지는 않았습니다. 계속해서 이런 일을 겪는 동안 아내는 사람들이 많이 모이면 긴장했고, 아들은 사람들이 왜 우리를 싫어하냐고 했습니다. 이 땅에서 우리는 모든 것이 힘겨웠습니다.

혼자라면 어떻게든 버틸 것 같은데 어린 자녀들과 이 시간을 함께 보내며 마음에 불평과 미움이 쌓여 가던 어느 날, 한국에 계신 선배 한 분이 "그렇게 힘들고 그 사람들이 미우면 어떻게 복음을 전할 수 있겠어? 그냥 들어와"라고 말씀했습니다. 그때부터 지금까지 계속해서 하는 기도가 있습니다. "사랑하게 해주세요." 예수님도 하늘 영광을 버리고 인간의 몸을 입고 이 땅에 와서 우리와 같이 생활하며 생명까지 주셨는데, 이곳에서 저곳으로 장소만 옮기고서 불평하는 내 모습을 바라보며 크게 회개했습니다.

커피 사업을 시작하다

P국은 비자와 신분이 중요한 사회입니다. 그래서 첫해부터 팀원들과 함께 사업을 준비하였습니다. P국 전통복을 입는 무슬림에게 A국에서 했던 의류 사업은 강점이 없으니 의류업은 시장 기회가 적다고 판단했습니다. 한국과 이곳 시장의 시간 차이를 이용한 아이템으로 몇 가지를 시도해 봤지만, A국은 성장곡선을 그리고 있는 것이라도

P국은 정치·사회·경제적으로 불안하여 시장이 아직 무르익지 않은 단계여서 많은 실패를 경험했습니다.

그런데 시장 조사를 하면서 대부분의 사람들이 근무 시간 중간에 차를 마시는 습관이 있으며, 힘든 시간대에 우유와 설탕이 듬뿍 들어간 차를 마시면서 에너지를 충전하는 것을 보았습니다. 이러한 차 문화를 보면서 젊은 세대가 많은 이 땅에 곧 커피 문화가 자연스럽게 정착될 것으로 예측했습니다. 특별히 P국에서는 아직 커피 생두를 다루는 사람이나 업체가 없고 외국에서 오래되고 저렴한 원두를 수입해서 사용하고 있었기에, 생두를 수입해서 현지에서 로스팅하여 신선한 원두를 공급하면 시장을 주도하는 좋은 사업이 될 것 같았습니다.

처음 커피 비즈니스를 시작할 때, 다른 단체의 두 사람과 팀으로 시작했습니다. 그들이 운영하던 회사 상황이 어려워져서 회사를 정리하고 합류한 것입니다. 세 명이 동일하게 400만 원 정도를 투자하여 커피 비즈니스를 시작했고, 권한과 책임도 동일하게 갖기로 했습니다. 이전에 팀 사역을 하면서, 여러 명이 함께 일할 때 리더십과 의사 결정에 있어서 주도권을 가지려는 것이 가장 문제가 된다는 것을 깨달았기 때문입니다. 내가 법인 대표이지만 함께하는 두 가정도 동일하게 투자하고 이사로서 권한과 책임을 동일하게 가지도록 했습니다. 그리고 다른 단체와 함께 팀을 이루었으므로 두 단체에서 한 사람씩 비즈니스 멘토를 세우고, 대표들을 포함하여 8명의 의사 결정 구조를 만들었습니다. 어떤 분들은 혼자 두루 살피며 많은 일을 하느라 어렵지 않냐고 질문을 하지만, 저는 현지에서 믿을 만한 한 사람을 얻는 것이 쉽지 않은 것을 알기에 감사함으로 사역하고 있습니다.

P국에서는 우리 회사가 처음으로 생두를 정식으로 수입하는 회사

가 되었습니다. 생두를 수입하여 로스팅하고 갓 볶은 신선한 커피를 소개하는 모든 과정이 쉽지는 않았지만, 어려운 만큼 시장을 이끌어가는 기쁨도 가득했습니다.

커피 로스팅 머신을 수입하기 위해 시장 조사를 하면서 중고 기계를 수입해도 새 기계와 동일한 관세가 부과될 뿐만 아니라, 새로운 기계에 대한 기준도 없어서 통관 과정에서 비용과 시간이 얼마나 들지 정확하게 알 수 없음을 알게 되었습니다. 그때만 해도 커피 로스터기의 시장 가격이 너무 높게 책정되어 있어서 웬만한 고급 승용차와 비슷했습니다.

그래서 결국 우리가 만들기로 했습니다. 기계 몇 대를 분해하고 살펴본 후 8개월에 걸쳐 직접 제작했습니다. 많은 시행착오를 거치고 시간도 걸렸지만, 그 시간만큼 새롭게 현지인 친구 그룹들이 형성되고 우리도 자리 잡을 수 있었습니다. 공업사에서 로스터기 마지막 테스트를 하면서 녹색 생두가 들어가 갈색 커피 원두가 배출되는 모습을 보며 함께 기뻐하던 현지 친구들의 모습이 지금도 생생합니다.

그때 직접 제작을 해준 친구 A는 아내와 함께 가족들 모두 우리

로스터기가 설치되어 있는 M시로 여행을 왔습니다. 화려하게 차려입은 A의 아내를 보며 혹시 결혼기념일인지 물었더니 처음으로 아내와 함께 가족이 여행을 왔다고 했습니다. 그래서 A의 아내가 어색하지 않게 내 아내까지 불러서 우리 지역에서 가장 큰 호텔에서 함께 식사하고 교제하며 서로를 더 알게 되었습니다.

현지 친구와 인연을 맺은 것처럼 커피 사업은 다양한 계층의 현지 친구들과 자연스럽게 연결해 주었습니다. 이곳에서 원두커피는 아직까지 상류층이 아니면 쉽게 접근하기 힘들기 때문에 판매를 위해 커피 프랜차이즈 회사를 찾아가 현지 상류층 사람들을 쉽게 만날 수 있었습니다. 중간 계층인 카페 바리스타와 매니저 그룹만이 아니라 S회사 첫해에 세웠던 길학교를 통해서 소수 계층에 속하는 기독교인들도 만나 관계를 유지하며, 다양한 사람들에게 다양한 모습으로 예수님의 사랑을 보여 줄 수 있었습니다.

S회사는 실질적인 비자 문제를 넘어서 내가 이 사회의 일원으로 자리 잡는 데 아주 큰 역할을 해주었습니다. 자녀가 두세 명 있는 40~50대 중년 남성이 아무런 직업도 없이 외국에서 생활한다면 그들에게 아무런 영향력이 없을 뿐만 아니라 의심의 눈초리를 받을 것입니다. 특별히 카스트제도의 흔적이 남아 있어 신분을 중요시하는 이 땅에서 비즈니스는 현지인과의 만남에서 중요한 역할을 하였습니다.

물건을 수입할 때 은행, 세관 공무원, 통관사, 검역관 등 다양한 부류의 사람들과 통관 문제와 이를 해결할 방법들을 의논하는 동안, 적대적일 것만 같던 현지인들이 어느새 친구가 되어 가정과 개인의 문제들도 함께 나눌 수 있었습니다. 놀라운 사실은 이들 또한 "너를 위해 기도해 줄게"라는 말을 너무나도 좋아한다는 것입니다. 그렇게 친해지면서 비즈니스 과정에서 속이고 부당한 요구를 하는 것에 관해 이야기를 나누기도 하였습니다. 현지인 친구들은 자기가 한 일이 아님에도 오히려 자신들이 부끄럽고 미안하다고 하였습니다. 얼마 전에는 생두를 수입하면서 운반에 문제가 생겼을 때, 그 이야기를 하자 무슬림 이맘(사역자)이 속이려는 이들에게 '너희들 때문에 우리가 욕을 먹는 것'이라며 야단을 치며 문제를 해결해 주기도 하였습니다.

무슬림 사회에 복음을 증거하다

P국에서 첫 텀은 복음을 전하기 두려웠던 시기였습니다. 처음에는 A국에서 한 것같이 관계를 형성하고 가까워지면 복음을 전할 수 있을 줄 알았습니다. 그런데 이 나라는 종교를 이유로 가족 살인도 일어나는 곳이었습니다. 그러다 보니 친해져도 복음을 전하면 사업적으로 위협이 있지 않을까 두려워하였습니다.

사역의 첫 텀을 보내며 깨달은 것은, 이 땅의 무슬림의 문화와 관습에 대한 이해가 너무나도 적었다는 것입니다. 무신론 국가인 A국은 기독교에 대해서 백지장과 같았다면, P국 무슬림들은 이미 기독교에 대한 자신들만의 그림이 가득했습니다. 그래서 쉽게 논쟁에 휘말리기도 했습니다. 또 외국인을 보면 어떤 이익을 얻고자 하는 목적과 선교사가 아닐까 하는 의심 때문에 가짜로 믿는 척 떠보는 일도 있습니다. 이렇게 각각의 의도를 가지고 우리에게 접근해 왔기 때문에 복음을 전하기가 어려웠습니다. 그래서 나는 한국과 A국에서 가졌던 선교의 경험과 생각을 내려놓아야만 했습니다. 복음을 증거하여 세례를 주고 제자로 삼아 교회를 세우기보다, 무슬림에게 그들이 잘 알지 못하는 예수님의 또 다른 면을 소개하기로 마음을 먹었습니다.

MBB(Muslim Background Believer)는 무슬림 가운데 예수님을 영접한 사람들입니다. 그들은 대개 삶 속에서 여러 모양의 다양한 기독교인들을 만납니다. 만일 그가 회심하기까지 열 단계의 과정을 거쳤다면, 나는 그에게 예수님을 소개하는 한 단계를 책임지겠다고 마음을 먹었습니다. 신분을 중요시하는 이 땅 문화에서 기독교인 사업가가 현지인들에게 삶의 간증과 더불어 꾸란에도 언급된 '이싸 알마씨' 곧 예수 그리스도를 소개하는 것은 생각보다 그렇게 어렵지 않았습니다. 때론 성전(聖戰)을 외치며 하루에 다섯 번씩 예배를 드리고 1년에 한 달간 라마단 금식을 하는 무슬림 역시 천국을 소망하는 사람들이기 때문입니다.

그래서인지 이 문화에서는 종교적인 이야기를 오히려 한국보다 쉽게 나눌 수 있습니다. '인샬라'(신의 뜻이라면), '압샬람 왈레이꿈', '마샬라'(아름답다, 좋다) 등 평소에 이들이 입버릇처럼 쓰는 말은 종교적인 언어입니다. 나와 친구가 된 무슬림들이 내게 이슬람을 전하려고 노력할 때도 있습니다. 출장을 오가는 길에 가끔씩 찻집에 앉아 차를 마시면 꼭 현지인들이 관심 있게 바라보다 말을 걸어옵니다. 한국에서는 오해할 수 있을 만한 개인적인 질문들도 많이 던집니다. 하지만 마지막은 대부분 자녀 문제와 경제적인 부분으로 넘어갑니다. 나는 그 기회를 통해서 구원의 문제를 제시하고, 서로 다른 구원관에 대해서는 논쟁하지 않습니다. 꾸란에서 언급한 이싸, 곧 성경의 예수님을 소개하고 그 예수님에 대해서 가장 잘 기록된 사복음서 읽기를 권면한 후에 자리를 떠납니다. 종교적 전문가로 비치면 쉽게 종교적 논쟁이 일어날 상황에서도 비즈니스맨이기 때문에 논쟁에 휘말리지 않고 간증과 생각을 나눌 수 있습니다.

   비즈니스는 구체적인 복음 증거 외에도 그 사회 속에서 여러 가지 선한 영향력을 나타낼 수 있었습니다. S회사 초기 수익을 종잣돈으로 시작한 길학교가 그중 하나입니다. '길'은 'God Is Love'의 머리글자를 딴 이름입니다. 97%의 무슬림 가운데 있는 2%의 기독교인은 대부분 무슬림의 소작농이나 벽돌 굽는 노동자로, 그 땅의 천민으로 일하고 있습니다. 배우지 못해 가난을 대물림하는 그들을 바라보면 애굽 땅에서 벽돌을 구워 성을 건축하던 이스라엘 백성들의 신음이 들리는 듯했습니다. 배움의 기회를 주어 최소한 성경을 읽고 주님을 바라보며 가난의 고리를 끊기를 바라며 시작한 길학교는 11주년을 맞이하여 60여 명의 졸업생을 배출했으며, 그중 한두 명이 도시에 있는 중점 대학에 입학하면서 마을 사람들에게 큰 격려가 되고 꿈을 안겨 주었습니다. 더 나아가 주변의 가난한 마을들에도 모델이 되어 비전을 나누고 교회를 세워 나가며 사역이 확장되고 있습니다. 최근에는 코로나19, 기후재앙 등으로 고통받는 현지인들에게 꼭 필요한 긴급 식량을 지원하면서 감사가 넘치는 시간을 가졌습니다.

   현지에서 비즈니스는 떡과 복음을 지혜롭게 잘 전달할 수 있는 하나님의 전략입니다.

> "내가 모든 사람에게서 자유로우나 스스로 모든 사람에게 종이 된 것은 더 많은 사람을 얻고자 함이라…약한 자들에게 내가 약한 자와 같이 된 것은 약한 자들을 얻고자 함이요 내가 여러 사람에게 여러 모습이 된 것은 아무쪼록 몇 사람이라도 구원하고자 함이니 내

가 복음을 위하여 모든 것을 행함은 복음에 참여하고자 함이라"(고전 9:19-23).

- 송야곱(선교사)

6장

의류 매장에서 교회가 일어나다

"…그리하면 이 모든 것을 너희에게 더하시리라"(마 6:33).

선교지로 떠나기 전 주님께서 내게 주신 말씀입니다. 가나안 땅을 앞두고 두려움에 떨고 있던 여호수아에게 '강하고 담대하라, 네가 어디로 가든지 내가 너와 함께하겠다'라는 말씀으로 인도하셨듯이, 나에게는 마태복음 6장 33절 말씀을 주셨습니다. 그 말씀을 따라 순종의 발을 내디뎠을 때 주님께서 주신 은혜는 너무나 컸습니다. 이 말씀에 발을 내디뎠다는 것만으로 주님이 '이 모든 것을 너희에게 더하리라' 하신 말씀을 이루시는 은혜의 시간이었습니다.

눈물 나게 반가웠던 첫 현지인

선교 훈련을 마치고 파송을 받아 처음 현지로 떠나는 길, 짐은 책이 가득한 배낭 하나와 이민 가방이 전부였습니다. 기차를 타고 2시간을 가서 다시 공항으로 가야 하는데 기차가 2시간 넘게 연착했습니다. 아직 현지 언어를 모르는데 영어도 통하지 않았습니다. 그런 상황에서 오토바이에 짐을 싣고 정말 어렵게 공항에 도착했습니다. 공항도 처음 가보는 곳이라 어디가 어디인지 몰랐고, 어떻게 짐을 부치고 어떻게 버스를 타고 활주로에 가서 비행기를 탔는지 지금도 기억나지 않습니다. 단 하나 기억하는 것은, 내가 활주로로 가는 버스에 오르자 문이 닫혔다는 것입니다. 그 순간 주님께서 지혜롭게 하셔서 모든 과정이 잘 진행되게 하신 것 같습니다.

그렇게 어렵게 몸을 비행기에 던지고 현지에 도착하니 피켓에 내 이름을 적어 들고 있는 현지인이 보였습니다. 그리고 흰 차가 나를 기다리고 있었습니다. 가는 길에 마음고생을 많이 했기에 고향에 도착한 것같이 마음이 편안했습니다. 하마터면 마중 온 처음 보는 현지인을 끌어안을 뻔하였습니다. 그렇게 현지에서의 삶이 시작되었습니다.

기차 한 칸에서 옷 90벌을 팔다

한국인이 없는 곳에서 언어 교육 과정 한 학기를 마치니 일상의 언어 소통은 문제가 없었습니다. 물론 실수도 많이 했습니다. 언젠가 현지인 친구와 이야기하는데 갑자기 막 웃는 것입니다. '엄마 아빠가 결혼식에 가셨니?'라고 말한 줄 알았는데, 내가 한 말은 '너네 엄마 아빠는 결혼하셨니?'였습니다. 그렇게 실수하고 같이 웃으며 많은 것을 배웠습니다.

한 학기를 마치고 방학이 되어 선교 여행 팀과 여행을 하였는데, 우리는 비즈니스를 통해 선교하기 원했기 때문에 옷을 90벌 정도 가지고 갔습니다. 어디서든 팔아 보라는 것입니다. 사실 막막했습니다. 이것을 어떻게 팔아야 하나 하는 마음으로 옷을 들고 기차를 탔습니다. 50시간을 가는 긴 여행이라서 자연스럽게 옆 사람들과 이야기를 나누다가, 시장 조사를 하기 위해 샘플을 들고 간다고 하니 샘플을 보자고 했습니다. 그러고는 자기가 두 벌을 사겠다는 것입니다. 게다가 옷을 사더니 다른 사람들한테 이들은 한국인이고 물건이 좋다고 홍보해 주었습니다. 1시간 만에 66개의 침대가 있는 기차 한 칸에서 옷이 다 팔렸습니다. 한참 물건을 팔다 철도청 소속 경찰이 갑자기 부르기에 가슴 졸이며 갔더니, 자기 아들에게 줄 옷 두 벌만 사고 싶다는 것입니다. 50% 가격에 주니 미소를 지으며 설에 아들에게 줄 선물이 생겼다며 좋아했습니다.

옷을 다 팔았는데 오히려 그들이 고맙다면서 자기들 염주를 선물로 주기도 하였습니다. 우리는 한국어로 축복송을 불러 주었고, 그들도 화답하겠다고 하며 한참 노래를 불렀습니다. 직접 복음을 전하면 안 되지만, 좋은 분위기에 사영리 소책자를 들고 잘 통하지 않는 말로 복음을 전하는 팀원도 있었습니다. 옷을 판매하는 작은 비즈니스이었지만 그것을 통해 우리가 가는 땅의 백성들에게 좀더 빨리 깊이 다가갈 수 있었던 놀라운 시간이었습니다.

대학 중심 상권 지역에 의류 매장을 열다

1년간 언어를 배우고 새로운 사역지로 갔습니다. 학교에서 한 학기를 마치고 가게에 대한 마음을 주셔서 기도하기 시작했습니다. 장사를 한 번도 해보지 않은 내가 어떻게 하나 싶었지만 그래도 주님 주신 마음으로 기도를 시작했습니다.

막상 가게를 얻으려고 하니, 가게 자리가 나와 있는지 알아볼 부동산 중개소가 보이지 않았습니다. 알아보니 당시에는 사람들 간의 관계를 통해서만 부동산 임대를 할 수 있었습니다. 4개월 정도 기도했을 때 친구 아버지의 친구가 대학가 중심 상권에 세가 나왔다고 알려 주었습니다. 대학에 소속된 건물이라서 믿을 만했고 좋은 위치에 비해 월세도 높지 않았습니다.

가게 임대 계약서를 써야 하는데 이것도 문제였습니다. 계약서 작성에 쓰는 말은 생활 언어와 전혀 달랐습니다. 회화만 배웠기 때문에 막막했습니다. 사전을 찾고 안 되는 것은 친구들에게 물으며 며칠에 걸쳐 A4용지 4장 분량의 계약서를 쓰고 마침내 계약했습니다. 이 모든 과정이 언어와 그 사회를 배워 가는 소중한 배움의 시간이었습니다.

의류 매장을 준비하며 몇 가지 원칙을 세웠습니다.

첫째는 적정한 이익을 내야 한다는 것입니다. 현지에서 선교사들이 운영하는 기업이 영리기업의 형식이지만 대부분 이익을 내지 못하고 있는 것을 보았습니다. 이익을 내지 못하면 경영자 스스로에게도 이중, 삼중으로 부담이 되고 사업체도 유지될 수 없습니다. 그뿐만 아니라 함께하는 직원들도 배우거나 성장할 수 없어 경쟁력 있는 그리스도인으로 살아갈 수 없기 때문입니다.

둘째는 대학생들에게 질 좋은 중저가의 옷을 제공한다는 것입니다. 매장이 위치한 곳은 대학가였습니다. 고객의 70~80%가 학생들이고 대부분은 돈이 많지 않았습니다. 학생들에게 질 좋은 중저가의 옷을 제공하는 것은 시장 기회이기도 하지만 학생들의 필요를 채워주는 서비스이기도 합니다.

셋째는 매장을 직원들이 예수를 알고 삶을 훈련하는 장으로 만든다는 것입니다. 매장 책임자는 교회를 섬기는 리더들이었습니다. 함께 일하는 직원들은 대부분 처음에는 믿지 않고 들어왔지만 매일 함께 일하는 리더들의 삶을 통해 예수님에 대해 알게 되었습니다. 나는 매장에서 직원들을 대하는 태도, 의사 결정 등을 통해 그들에게 선한 영향을 주려고 노력했습니다.

나의 브살렐과 오홀리압

현지 친구들의 도움이 없었으면 가게를 시작할 수 없었을 것입니다. 가게를 얻은 것도 친구를 통해서였고, 인테리어를 할 때도 현지 친구에게 업자를 소개받았습니다. 가게 인테리어를 위해 한국에서 도면을 받았는데, 이곳의 업자는 도면을 읽지 못하는 까막눈이었습니다. 자기들은 인테리어를 할 때 벽에다 3차원적으로 그림을 그려서 한다는 것입니다. 결국은 비전문가이지만 나보다 끈질긴 동료가 연구 끝에 평면도를 3차원의 입체로 만들어서 인테리어 작업을 했습니다.

인테리어 말고도 우리가 배우고 해야 할 것이 한두 가지가 아니었습니다. 의류 매장이다 보니 전등이나 디스플레이도 매우 중요합니다. 도시 중심 상권의 모든 매장을 다니며 눈으로 보고 손으로 만지며 조금씩 배워 갔습니다. 나중에는 직원들이 알아보고 들어오지 못하게 하는 매장도 있었습니다.

인테리어를 마치고 물건을 정리하고 디스플레이할 때도 그동안 사귄 친구들의 도움이 컸습니다. 함께 물건을 정리하고 청소하다가 스티로폼을 깔고 그 위에서 함께 잠을 청하기도 했습니다. 그랬던 친구들이 20년이 훌쩍 지난 지금은 대학교수로, 교회 사역자와 온라인 신학교 사역자로 살아가니 감개무량합니다.

"브살렐과 오홀리압과 및 마음이 지혜로운 사람 곧 여호와께서 지혜와 총명을 부으사 성소에 쓸 모든 일을 할 줄 알게 하신 자들은 모두 여호와께서 명령하신 대로 할 것이니라"(출 36:1).

현지에서 사업을 하기 위해 가장 중요한 것은 신뢰할 만한 동역자를 얻는 것, 그리고 그 관계를 지속해 나가는 것입니다. 신뢰할 수 있는 친구들을 통해 우리는 낯선 땅에서 많은 문제를 극복할 수 있었습니다. 상점을 찾는 것, 상점을 준비하고 회사를 설립하는 것 등 모두 현지 친구 없이는 불가능했을 것입니다. 이런 경험을 통해 믿을 만한 사람이 있을 때 일을 시작해야 한다는 것을 배웠습니다. 우리의 생활은 연속성을 가지기 때문에 언어와 문화를 배우면서 시작된 관계가 사업으로 그리고 사역으로 이어지는 것을 보았습니다.

비즈니스 현장의 도전들

비즈니스를 시작하고 여러 도전을 만났습니다. 가장 먼저 닥친 것은 '주일 성수'였습니다. 주일이니 당연히 쉬었는데, 학교 담당자가 나를 불러서 말했습니다. '학생들 대부분이 주말에 학교 밖으로 나오므로 이곳은 주말 매출이 전체 매출의 절반이다. 그러니 너희가 주말에 쉬면 얼마 가지 않아서 어려움을 당할 것이다'라고 했습니다. 주일에 가게 근처에 갔는데 사람들이 얼마나 많은지 발 디딜 틈이 없었습니다. 상점 가운데 우리 가게만 문이 닫혀 있었습니다. 그 모습을 보니 마음에 갈등이 생겼습니다. 그래서 다음에는 주일에 그곳을 가지 않았습니다.

몇 달이 지난 후 한 손님이 와서는 "이 가게는 국영 기업입니까?"라고 물었습니다. 국영 기업이 아니고는 주말에 쉴 수 없다는 뜻입니다. 나는 속으로 '그래, 우리는 국영 기업이지. 천국 기업!'이라고 하며 웃었습니다. 그런데 주일에 쉬었더니 월요일 매출이 늘어 주말인 토요일과 비슷해졌습니다. 그것을 통해 정말 경쟁력이 있으면 된다는 생각을 가지게 되었습니다.

비즈니스를 통해 사역하면서 받는 가장 큰 도전은 이원론적인 시각일 것입니다. 많은 사역자나 후원 교회들도 사업과 사역을 분리하여 생각합니다. 비즈니스 선교를 오해하여 후원으로 생활하는 중에 후원이 끊기는 일도 있었습니다. 지금은 그런 교회가 거의 없지만, 은연중에 실제적인 교회 개척이나 열매에 대한 요구를 받기도 했습니다. 가장 큰 문제는 사역자 자신이 그 가운데서 중심을 잡지 못하는 것입니다. 비즈니스 현장도 쉽지 않은데 후원 그룹에까지 문제가 생기면 정말 사역이 어려워집니다.

나 역시 비즈니스를 일으키고 하나님 나라 방식으로 경영하고 제자들이 일어나면 그것이 곧 사역이라고 생각하면서도 구체적으로 사역이 진행되기 전까지는 비즈니스를 통한 선교에 회의를 품곤 했습니다. 그러나 하나님께서 사업의 터를 모체로 해서 믿는 자들은 일으키시고 교회를 탄생시키시는 것을 보며, 사업과 사역이 이분법적으로 분리되는 것이 아니라 오히려 시너지를 발휘하는 원동력이 된다는 것을 깨달았습니다.

일터에서 시작된 교회

매장이라는 크지 않은 공간에서 일하다 보면, 집에 있는 가족들보다 더 많은 시간 동안 좁은 공간에서 시간을 함께하니 자연스럽게 서로 이야기를 많이 합니다. 매장 책임자는 가정교회를 인도하는 형제자매였는데, 매장에 근무하면서 직원들과 사는 이야기를 하는 중에 자연스럽게 신앙에 대해서도 나누게 되었습니다. 처음에는 내가 복음을 직접 전하기도 했지만, 사장이라는 위치 때문에 직원이 순수하게 복음을 받아들이기가 쉽지 않은 것을 발견하였습니다. 사장인 나에게는 가게를 운영하면서 세금 문제, 임금, 직원을 대하는 태도 등을 통해서 믿는 사람들이 어떻게 사는지에 대한 삶의 모범을 보이는 일이 더 중요했습니다. 복음은 매장 책임자들이 일을 하면서 자연스럽게 믿지 않는 직원들에게 전했습니다.

2년이 지날 즈음 직원 6명 중 5명이 예수님을 믿게 되었고, 2명이 세례를 받았습니다. 그들과 함께 아침에 경건 훈련을 한 뒤 상점의 문을 열었습니다. 직원 2명과 함께한 첫 예배 모임을 잊을 수가 없습니다. 우리 집 거실에서 드렸는데, 갑작스럽게 한 자매가 일이 있어서 못 오는 바람에 한국인 2명에 현지인 1명이 현지어로 예배를 드렸습니다. '두세 사람이 내 이름으로 모인 곳에 나도 그들 중에 있겠다'라는 말씀대로 얼마나 감격스러웠는지 모릅니다. 그때 함께한 두 자매는 지금도 현지 교회에서 중추적인 역할을 하고 있습니다.

처음 예수님을 믿은 2명 중 한 자매가 제자훈련을 받은 지 1년이 넘었을 때 갑자기 다른 지역 회사로 간다고 했습니다. 너무 갑작스러워 마음에 서운함이 많았지만 기도해 주고 보냈습니다. 후에 다른 친구들을 통해 자매가 취직 사기를 당해서 집에 있다는 것을 알았습니다. 연락했더니 너무 미안하다면서, 자기가 면목이 없어서 연락하지 못했다고 했습니다. 다시 와서 함께 일하자고 하니 기쁘게 돌아왔습니다. 그 시간을 통해 하나님은 자매에게 하나님의 인도하심을 받는 훈련을 시키셨습니다. 그리고 자매는 교회 안에서 리더로 세움을 받았습니다. 내가 제자를 세우는 것 같아도 자라게 하시는 분은 하나님이심을 깨달았습니다.

다민족 가정교회로 변화되다

당시 개방의 물결을 따라 많은 대학생이 교회를 드나들며 부흥을 맞았습니다. 그 부흥의 시기에 우리 사역에 전환을 가져온 한 자매가 있습니다. Z 자매는 소수민족이었는데 다른 지역에서 예수님을 믿고 우리 교회를 찾아왔습니다. 자매는 돼지고기를 먹지 않는 민족이었습니다. 자매가 교회에 오기 시작하면서 우리는 예배를 마치고 먹는 점심에서 우리가 가장 좋아하던 식재료인 돼지고기를 빼기로 했습니다. 한 명을 위해서 다수가 배려한 것입니다. 그 자매를 통해 소수민족이 정기적으로 이 도시에 온다는 사실을 알게 되었습니다.

나의 아픈 손가락이 된 자매

그 후로 Z 자매를 통해 의과대학교에 다니는 M 자매를 알게 되었습니다. 자매는 처음 만났을 때 직설적으로 자기는 기독교를 배척한다고 하였습니다. 전에 예수님을 믿게 했던 선교사의 사생활에 문제가 많은 것을 보고 믿음에서 떠났다는 것입니다. 우리 가정은 자매가 돌아오기를 바라며 매일 기도하기 시작했습니다.

처음에는 우리 집에서 밥도 먹지 않았습니다. 그러다 우리가 M 자매를 만나면서 집에서 돼지고기를 먹지 않는 것을 알고 함께 식사하는 관계로 발전하였습니다. 그리고 수개월이 지나서 자매가 예수님을 알았으면 좋겠다며 함께 배워 보지 않겠느냐고 제안하자 그러고 싶다고 답했습니다. 그때 얼마나 기뻤는지 모릅니다. 한 영혼이 복음으로 다시 돌아오는 기쁨이 너무나 컸습니다.

그런데 팀과 개인적인 상황으로 한국으로 돌아오면서 자매를 다른 사역자에게 부탁한 후에는 사역자와의 관계가 잘 세워지지 않고 연락이 끊어지고 말았습니다. 시간이 많이 지나 자매가 보수적인 무슬림 남편과 결혼하면서 만나기조차 어렵게 되었습니다. 나 자신의 상황만 생각하며 어린 한 영혼을 너무 쉽게 내려놓고 갔다는 마음의 후회와 아픔으로 참 많이 울었습니다. 20년이 흐른 지금까지도 마음이 아픕니다. 이 경험이 사역자로서 한 영혼을 대하는 내 마음의 자세를 많이 바꿔 놓았습니다.

항상 기쁨과 위로를 주던 형제

한 소수민족 형제가 있었습니다. 흥이 많고 항상 밝은 데다 눈이 파랗고 머리도 갈색이어서 소수민족이지만 외국 사람 같았던 형제였습니다. 대학에 들어와서야 처음으로 영어를 배웠지만 영어로 찬양하고 기도하는 것이 능할 만큼 언어적 재능이 많았습니다. 내가 불러 주었던 '나 같은 죄인 살리신' 찬송을 참 좋아했습니다.

형제가 학업을 마치고 고향으로 돌아갈 때 고향 지역에 있는 동료 선교사에게 소개해 주어서 곧바로 소수민족 가정교회가 세워졌습니다. 형제는 후에 의사가 되어 수술하다가 전염병에 걸려 스물아홉 젊은 나이로 하나님 아버지 품에 안겼습니다.

비즈니스와 선교를 통해 하나님께서 만나게 하셔서 함께했던 소수민족 형제자매들을 생각하면 마음이 얼마나 아린지 모릅니다. 내가 조금만 더 기도하고 하나님의 음성을 듣고 그들을 잘 세워 주었다면 귀한 일꾼들로 자랄 수 있었을 텐데 하는 자괴감이 듭니다. 영혼을 추수하고 성장하는 것에는 때가 있는 것을 깨닫습니다. 여전히 그 땅과 소수민족은 많은 아픔과 핍박의 시기를 보내고 있습니다.

- 유진(선교사)

7장

축복의 통로가 된 카페

꿈꾸던 비즈너리를 만나다

'나는 직장에 보냄 받은 선교사이다!'

이 정체성은 내 신앙의 기초를 놓아 주고 나를 전도자요 사역자로 성장하게 해준 직장인 성경 공부 모임(BBB, Business Bible Belt)의 철학이다. 처음 ANN 선교회를 방문했던 날 들었던 대표 선교사님의 카랑카랑하고 자신감 넘치는 목소리가 아직도 생생하다.

"우리는 100% 비즈니스맨, 100% 사역자입니다. 우리는 200%의 삶을 살아내야 합니다. 그래서 마지막 산지 실크로드를 복음으로 변화시켜야 합니다!"

가슴이 뻥 뚫리는 듯한 도전이었다. '세상에, 200%라니! 과연 가능할까?' 그래서 물었다. "그것이 선교지에서 가능합니까? 실제로 그렇게 하고 있습니까?" "네, 그렇습니다!" 이제 고민할 필요가 없었다. 그

단체의 사무실이 얼마나 좁으며, 언덕길을 얼마나 올라가야 찾을 수 있는지, 그리고 들어 본 적도 없고 뭔가 있어 보이는 국제단체가 아니라는 것도 더는 문제가 되지 않았다. '바로 이곳이다!'

소원의 땅에서 시작된 새로운 인생

나이 마흔이 다 되어 꿈꾸던 선교지로 향하기 전날 밤, 자려고 누웠지만 도저히 잠들 수 없어 뒤척이다가 아버지께서 나를 보며 울고 계시는 것을 느꼈다. 예수 믿는다고 조롱하며 가장 핍박하던 동생이 나를 배웅하던 대로변에서 왜 그렇게 멀리 가냐며 펑펑 울던 모습도 눈에 선하다.

그렇게 가족을 뒤로하고 떠나 새로운 인생이 시작되었다. 그곳의 봄은 정말 아름다웠다. 들뜬 마음에 조심하지 않아 도착하고 3일째 되는 날, 휴대폰과 여권과 정착금으로 가져간 전 재산이 들어 있던 가방을 도둑맞았다. 경찰서에서 신고하느라 조서를 쓰면서 죄인처럼 반나절을 기가 죽어 있었다. 돈이 없었기에 누군가가 사 주는 밥을 먹어야 했고, 여권이 없으니 가까운 곳으로밖에 이동할 수 없었다. 돈도 신분증도 없어 남의 짐이 되어 버린, 나이도 많은 어리바리한 신입 선교사! 이것이 내가 그토록 가고 싶었던 땅에서의 내 첫 모습이다. 그때 그 시간이 자랑스럽진 않지만, 그때만큼 나를 주님 발 앞에 머물게 했던 시간도 없었다. 주님과의 귀중한 만남을 경험했으며, 그 일 덕분에 선교지에서의 삶 가운데 겸손하게 가장 중요한 것을 붙잡을 수 있었다.

좋은 그리스도인이 되겠습니다

언어를 배우는 과정은 매우 흥미로웠다. 오전에는 수업하고, 오후 시간에는 자유 시간이 주어졌다. 17년간 직장 생활을 한 나에게는 얼마나 감사한 쉼의 시간이 되었는지 모른다. 늦깎이 학생으로 20대 유학생들과 함께 언어를 배우며 생활하는 시간은 현지 문화에 적응하는 시간이자 새로운 인생을 시작하는 시간이기도 했다. 모든 것이 새롭고 흥미로웠다. 시간이 많으니 주로 시장에 다녔다. 어떤 물건을 얼마에 팔고 있는지 궁금했고, 시장에 가면 생활 언어도 배울 수 있었다. 훗날 카페 비즈니스를 시작할 때 이때 익혔던 정보들이 큰 도움이 되었다.

언어가 잘 늘지 않아 스트레스를 받았지만, 조금씩 익혀 나갔다. 그런데 말이 들리기 시작하고서는 나를 속이는 사람들이 있음을 알았다. 이런 일들이 반복되면서 그곳 사람들에 대해 의심이 생기고, 문화가 달라서 생기는 문제에 대해 화를 내곤 했다. 그러자 가까운 현지인들이 물었다.

"너는 왜 이곳에 왔어? 우리 나라에는 더 좋은 도시도 많은데 왜 하필 불편한 이곳에 왔어?"

그들은 내가 이해되지 않은 것이다. 어느 순간, '나는 뭘 하는 사람인가?' 하는 생각이 들었다. '이중첩자 같은 나는 누구인가? 어떻게 살아야 하는가?' 새로운 문화권에 적응하느라 스트레스를 받으면서 떠오른 근본적인 질문을 통해 선교사라는 직함이 얼마나 부자연스러운 것인지 깨달았다. 보통은 선교지에서 우리는 선교사라고 말할 수 없다. 한국에 돌아가서야 선교사인 것이다. 그래서 선교지에서는 어떤 정체성으로 살아야 옳은지를 하나님께 묻기 시작했고, 나의 능력 없음과 준비되지 못한 부족함과 자격지심을 가지고 주님 앞에서 고뇌했다. 그리고 주님의 음성을 들었다.

'너는 어떤 선교사가 되려고 하느냐? 너는 어떤 사람이 되려고 하느냐?'

'주님, 좋은 그리스도인이 되면 그걸로 족할 것 같습니다.'

그때부터 현지인과 덜 싸우게 되었다. 어느 정도 속아 줄 여유를 갖기 시작하면서 나는 훨씬 좋은 그리스도인이 되어 가는 것 같았다. 좋은 그리스도인이 되겠다는 목표를 가지고 나니 이중첩자 같던 죄책감도 없어졌다. 뭘 하든 나는 좋은 그리스도인이 되기로 했다.

크리스마스 카드에 복음을 담다

유학생으로 있던 대학교의 후문 상가에 '복래로'(福來路)라는 이름의 카페를 열었다. 의역하면 '축복의 통로'라는 뜻이다. 이곳 친구들을 좀더 합법적으로 자유롭게 만나고 싶어서였다. 유학생 신분이었을 때는 시간이 많았으나, 카페를 시작하니 늘 긴장되었고 앉아서 밥 먹을 시간도 없었다.

어떻게 사람들에게 복음으로 다가갈지 고민하다가, 무모하고 시간이 많이 걸리는 방법이지만 성탄 카드를 만들기로 했다. 카드를 만들고 서툴지만 현지어로 요한복음 1장 12절의 말씀을 적었다. "영접하는 자 곧 그 이름을 믿는 자들에게는 하나님의 자녀가 되는 권세를 주셨으니." 카페에 오는 모든 손님에게 작은 쿠키와 함께 성탄 카드를 선물로 주었다. 카페의 단골이었던 한 학생이 카드에 적힌 뜻을 물어 와 복음을 설명했고, 그 친구는 그 자리에서 영접했다. 바로 개인 양육을 받기 시작하더니 믿은 지 일주일도 안 되어서 자기 사촌 언니에게 내게 들은 복음을 전했다. 그 두 사람은 카페에서 인연을 맺은 내 첫 번째 제자가 되었다. 나는 카페 아르바이트생 한 명과 그 두 사람을 데리고 함께 주중에 성경 공부를 하고 주일에는 카페 문을 닫고 예배를 드렸다. 함께 시간을 보내고, 함께 맛있는 것을 먹으러 다녔던 그 시간이 참 좋았다.

카페를 지나가던 한 Y족 아주머니가 찬양이 흘러나오는 것을 듣고 들어와서 자기 간증을 하고는 자기가 기도하는 조카가 카페 근처에 살고 있다며 그 영혼을 부탁하셨다. 또 몇 년 전에 결혼을 위해 다른 공동체로 떠났던 친구가 믿지 않는 남편과 아이까지 안고 함께 예배를 드리고 싶다며 다시 찾아왔다. 그렇게 우리는 수가 늘어나 무려 5개의 다민족 예배 모임이 되었고, 하나님께선 내 단점을 보완할 전문 사역자도 이미 준비해 놓으셨다.

저는 직업이 필요합니다

어느 날 다른 지역에서 온 한 자매가 카페에서 일하고 싶다며 왔다. 돈은 조금만 줘도 좋으니 직업이 필요하다고 했다. 현지 교회의 파송을 받고 왔으며 어느 정도 생활할 수 있도록 파송 교회가 후원하고 있는데 왜 직업이 필요한가를 물었다. 그 나라에서 직업이 없는 사람은 이상한 사람으로 보기 때문에 자신이 학생들을 만나기 위해서는 무엇을 하는 사람인지 정체성을 증명할 필요가 있다는 것이다. 그래서 그 자매와 동역하기 시작했다.

사장인 내 입장에서 그 자매는 매우 힘든 직원이었다. 공부만 했기 때문에 집안일을 배우지 못해 설거지 하나 제대로 하지 못했고, 위생 관념이나 서비스 내용도 하나하나 가르쳐야 했다. 그러나 영혼을 향한 그 순수한 열정은 대단했다. 함께 일하는 아르바이트생들을 위해 기도하고 그들을 마음으로 품는 일은 나이가 훨씬 많은 나보다도 더 잘해 주었다. 기타도 잘 치고 찬양 인도도 잘하고, 게다가 설교도 참 잘했다. 떠듬떠듬 어눌한 발음으로 말하는 나에 비해 듣는 사람의 마음을 울리는 설교를 했다. 내가 다 이해하기 어려운 그들의 문화 속 코드를 이 자매는 잘 파악하여 다루었다. K족 학생도, H족 학생도, 그리고 Y족, M족뿐 아니라 그 자매와 같은 A족도 자매 덕분에 모두 함께 예배 모임을 잘 이루어 갈 수 있었다. 나는 밥을 지어 먹였고 그들의 울타리가 되어 주었으며, '카페'라는 장소는 공동체의 울타리가 되어 만남의 연결고리가 되어 주었다.

사역자에게는 직업이 필요하다. 자매가 자기 나라에서 선교하면서도 직업이 필요하다고 한 것은, 그만큼 삶의 정체성이 중요하다는 말이다. 성육신하신 예수님처럼, 사람들 속에서 살면서 사람들을 구원하고 변화시키기 위해 그 사람들과 같은 모양으로 살아가는 것이 부르심 받은 자들, 보냄 받은 자들이 가져야 할 태도다.

지금 이 자매는 파송 교회의 형제와 결혼하여 다시 그 지역으로 돌아왔다. 남편은 직장을 구했고, 자매도 유치원 교사라는 현실적인 직업을 가지고 그곳에서 여전히 사람들을 만나고 있다. 자신의 부르심에 정직하게 응답하고, 보냄 받은 자로서 성실한 삶을 살고 있다.

그 부부가 만나는 사람들은 안심하고 신뢰하며 그들에게 마음을 열어 줄 것이고, 성실하고 온유한 그들의 삶의 태도를 통해 선한 영향을 받을 것이라 기대한다.

문화센터가 된 카페

복래로 카페에선 한국어를 배우고, 커피 내리는 것을 배우고, 제과 제빵을 배우며, 영어를 배울 수 있었고, 가끔은 플라워 공방도 열었다. 문화적으로 접근하고 싶어서 카페를 시작했는데 정말 문화센터가 되었다.

주변의 다른 선교사님들께 일대일로 소개하여 카페에서 한국어 교육을 하게 했다. 카페 근처에 있던 서양인 사역자가 카페에서 영어 말하기 교실을 열었고, 한국에서 플라워 공예를 배워 온 선교사님은 만들기 교실을 열었다. 고작 일주일간 커피 머신 다루는 법을 배워 카페를 열었기에 늘 배움에 목말랐던 나는 한국에 갈 때마다 커피와 제과제빵을 배웠다. 현지로 돌아와서는 배운 것들을 가르치면서 커피 학원과 연계하여 바리스타 자격증을 발급하기도 했다.

카페에서 일하고 싶어 하는 대학생들이 많아지면서 시간을 쪼개어 최대한 일자리를 제공하고 대부분의 시간을 그들과 함께 보내려 했다. 카페에 일이 없는 때에도 함께하며 개인적으로 친해지는 시간을 가졌고, 그러면서 서로의 깊은 이야기를 나눌 기회가 많아졌다.

축복의 통로는 장소가 아니다

카페를 운영하며 현실적인 문제로 영업장을 옮기기도 하고, 선교 활동을 한다고 의심받아 경찰에 의해 폐쇄당하기도 하면서, 세 번이나 문을 닫고 여는 과정이 있었다. 그곳에서 살아남기 위해서는 영업장이 필요했으므로 다시 카페를 열었는데 코로나 팬데믹이 왔다. 그 후로 다시 그곳에 들어가지 못했다. 전부를 쏟아부었던 그곳의 카페가 다른 사람들의 손에 정리되는 상황 속에서 마음이 매우 힘들었다. 그때 주께서 마음에 한마디 말씀을 들려주셨다.

'축복의 통로는 장소가 아니야.'

주님의 축복의 통로였던 내 인생의 여정을 통해 누군가에게 하나님의 복이 흘러가는 것이 주님의 계획임을 깨달았다. 그곳을 떠나온 지 4년째, 내 몸과 나의 역량은 그곳을 떠났는데 성령께선 그들 가운데 여전히 살아 계시며 일하심의 소식을 듣는다. 내가 있는 곳에서 다시 시작될 축복의 통로의 역할을 기대하고, 또 그곳에서 연결되어 통로의 끝에 닿았던 친구들이 이젠 복의 근원이 되어서 통로의 역할을 할 것을 기대하며 기도한다.

- 주드림(선교사)

8장

실패 속에서 발견한 비즈니스 미션

인생을 바꾼 만남

불교 집안에서 자란 나는 스물네 살에 할머니의 죽음과 장례식을 경험했습니다. 그때 죽음을 생각하면서 자연스럽게 교회에 가게 되었습니다. 시간이 지나면서 주일학교 봉사를 시작했는데 아이들을 가르치고 그들과 함께하는 것이 너무 즐거웠습니다. 그렇게 주일학교 교사라는 작은 꿈과 소명으로 살아가고 있을 때, 한 만남을 통해 전에는 생각해 보지 않았던 인생의 길로 들어섰습니다.

서른셋의 적지 않은 나이에 어떤 권사님의 소개로 한 자매를 만났습니다. 그녀는 오엠(OM) 단기 선교사로 K국에서 2년가량 단기 사역을 하고 장기 사역을 위해 해외로 나갈 계획이라고 했습니다. 노총각이었던 나는 자매가 무척 마음에 들어서, 자매가 나에게 선교에 관해 물어 볼 때 무엇인지 알지도 못하면서 "하나님이 보내 주시면 나갈 수도 있습니다"라고 말했습니다. 그 말의 열매로 우리는 만난 지 5개월 만에 결혼하였습니다.

결혼 후 아내와 함께 K국 봉사팀에 들어갔습니다. 토요일이면 공단을 돌며 외국인 근로자들을 전도하고 심방하여 주일 외국인 예배에 초청했습니다. 새로운 문화와 환경에 적응하지 못하고 병들고 아파하는 이들을 만나 말씀과 사랑을 전하는 봉사자들의 아름다운 사역을 경험하며, 점점 그 삶에 마음이 끌려 들어갔습니다. 어느 날인가부터 K국이라는 나라가 뉴스에 나오거나 그곳 사람들을 보면 마음이 뭉클해지고 그들을 위해 기도하게 하셨습니다. 그분의 인도를 느끼며 두려운 마음과 부담감을 가지고 기도하기 시작했습니다.

주님의 부르심과 인도하심

주님의 부르심을 알고 싶어 직장에 휴직계를 내고 2주간의 일정으로 K국으로 갔습니다. 왜 굳이 위험한 나라에 가려느냐며 많은 분들이 만류했지만, 막상 가보니 K국 사람들은 친절했고, 척박한 환경이지만 그곳 사람들이 살아가는 모습과 풍습을 보며 나도 적응할 수 있을 것 같았습니다. 그러나 선교사로서 그 땅에서 살아가는 것은 다른 문제였습니다.

그때 하나님은 한 사건을 통해 하나님께서 나를 그곳으로 인도하셨음을 깨닫게 하셨습니다. 출국 하루 전날 손님 몇 분이 방문했는데 그중 한 분이 전기 기술자였습니다. 그가 기술학교에 방문할 때 나도 함께했는데, 그곳에는 내가 배웠던 바로 그 기계와 장비가 세팅되어 있었습니다. 그래서 기계 작동하는 기술을 보여 주었더니 교장 선생님이 기뻐하며, 비자를 위해 초청할 테니 학교에 와서 학생들에게 기술을 가르쳐 주면 좋겠다고 하였습니다. 특별하지 않은 기술을 통해 역사하고 인도하신다는 생각에 너무 놀라서 마음이 진정되지 않았습니다.

한국에 돌아온 후 기대하는 마음으로 선교 훈련을 받고 K국에 들어갈 준비까지 마친 다음 2002년 말에 기술학교에 연락했습니다. 그런데 비자를 약속한 교장이 사정이 바뀌었다며 초청할 수 없다고 했습니다. 하나님께서는 정말 수월하게 할 수 있을 것 같던 기술학교 교사의 일을 내려놓고 다른 길로 들어서게 하셨습니다. S페인트 회사 대표님과 연결되어 현지 지사를 내고 사업비자를 받아 사역하게 된 것입니다. 상상도 못 했던 전혀 새로운 길이었습니다.

나는 갓난아기처럼 가장 낮은 자리에서 시작하여, 묻고 배우며 나아갈 수밖에 없었습니다.

삶과 직업의 현장에서 일하시는 하나님

금형 엔지니어였던 나는 사업가로 바뀌며 새로운 길에 서야 했습니다. 1년의 언어 습득 과정을 거친 후 주택 페인트칠 작업을 의뢰받았습니다. 현지인 3명을 고용하고 8개월간 주택 페인트 작업을 직접 진행하였습니다. 아침 시간에 3명의 직원과 함께 《성공하는 사람들의 7가지 습관》이라는 책을 읽고 나누었는데, 그러는 사이에 자연스럽게 언어가 늘었습니다. 그뿐 아니라 정직하고 성실하게 일하는 기독교적인 세계관도 나누었습니다. 일방적인 가르침이 아니라 나는 기독교 세계관을 전하고 그들은 무슬림 사상을 알려 주며 서로의 종교를 듣고 배우는 시간들이었고, 그 과정에서 그들의 마음이 열리기 시작했습니다.

그러던 어느 날, 마얄이라는 직원이 퇴근 시간에 조용히 할 말이 있다고 하였습니다. 어떤 꿈을 계속해서 반복하여 꾸는데, 어떤 신 같은 분이 지금까지 잘못 살아왔다고 꾸짖으며 진리의 길로 인도해 주겠다고 한다는 것이었습니다. 처음에는 정신과 의사나 이맘(회교 목사)에게 상담도 해보았지만 아무런 효과가 없어서 마지막으로 나에게 상담을 요청한 것입니다. 나는 마얄 형제에게 내가 믿는 예수님을 소개하기 시작했습니다. 그는 다 듣고 고심하다가 자신을 위해 같이 금식하며 기도해 달라고 하고 돌아갔습니다.

그 후로 우리는 밤마다 은밀하게 성경 공부를 하였습니다. 형제는 3개월의 성경 공부를 마치고 마지막에 사영리를 따라 읽으며 예수님을 영접하였습니다. 얼마나 기뻤는지 모릅니다. 전문인 선교사로서 어떻게 해야 하는지 몰랐지만 순종함으로 나아갔더니, 하나님께서 꿈으로도 역사하시며 행하셨습니다. 또한 나의 삶의 현장이 복음 선교의 현장임도 깨닫게 하셨습니다.

실패의 광야를 건너다

2000년대 초반이던 당시, 한국 사업가들은 투자청에 3만 달러 이상 투자했다는 은행 확인증을 가져가야 현지 회사 등록이 가능하다고 했습니다. 그런데 어학원에서 함께 영어를 배우던 친구들이 그 말을 듣더니, 현지인들은 한화 20만 원 정도면 회사 등록을 할 수 있다고 알려 주었습니다. 나는 마얄의 도움을 받아 재래시장처럼 복잡한 법원을 돌아다니며 정보를 얻고 실무자와 상담하여 두 달 만에 모든 서류들을 완비할 수 있었습니다. 비즈너리에게는 현지인 동료 혹은 동역자를 얻는 것이 비즈니스의 시작이라고 할 수 있습니다. 나는 회사를 세우고 다양한 품목을 수입하여 판매하는 비즈니스를 시작하였습니다.

비즈니스는 어려움의 연속이었습니다. 아는 사람을 통해 한국에서 중고 컴퓨터를 한 컨테이너 수입하여 판매하는 사업을 진행했습니다. 사무실과 가게를 열고 홍보하고 판매를 시작했는데 도무지 매출이 일어나지를 않았습니다. 원인을 알아 보니 현지인들은 펜티엄 4를 2라고 속여 수입하면서 탈세하고 그만큼 저렴하게 판매하고 있었습니다. 관세가 다른 만큼 가격 격쟁이 되지 않았던 것입니다.

한번은 대우중공업 중고 포클레인을 찾는 현지인이 있어서 수입했는데, 관공서에서 여러 가지 핑계를 만들며 통관을 시켜 주지 않았습니다. 뇌물을 바란 것입니다. 아는 사람을 통해 간신히 협상하여 운송해 오는데, 70시간 정도 비포장도로로 싣고 오는 동안 차가 너무 덜컹거리고 흔들려서 부품이 망가져 손해를 보기도 했습니다. "큰 실수와 실패의 아픈 경험을 세 번 이상 겪지 않았으면 선교해 보았다고 말하지 말라." 평생을 선교로 헌신하고 은퇴하시던 어느 선교사님의 말씀이 많은 위로가 되었습니다.

사역 8년 차로 여러 가지 결실이 맺힐 즈음이었습니다. 아내가 중점으로 하던 학교 사역이 활발해지며 건축을 위한 투자가 결정되었습니다. 임대로 쓰던 학교는 너무 오래되었고 낡아서 수시로 수리할 일이 생겼고, 학생들이 많아진 만큼 문제와 사고도 많아져서 정신없이 뛰어다니고 있었습니다. 그런 상황에서 학교를 새로 건축하기로 했고, 일부 투자금이 들어와 땅을 계약하였습니다. 직원의 아버지가 부동산 일을 한다고 해서 기쁘게 맡기고는 바쁘다는 핑계로 제대로 확인하지 않았다가 이중, 삼중으로 사기를 당하고 말았습니다. 뒤늦게 변호사를 선임하고 법원을 다니며 해결해 보려 했지만 오히려 사기꾼에게 고소를 당할 정도로 완벽하게 올가미에 갇힌 상황이었습니다.

뼈아픈 과오로 인해 몇 년간 세상에서 버려진 것 같다는 생각에 몸도 마음도 망가졌습니다. 크나큰 좌절과 절망 속에서 긴 광야의 시간이 흘러갔습니다. 깊은 어둠 속에 빛이 들어오며 다시금 회복의 길로 들어서기까지는 5년 이상의 시간이 걸린 것 같습니다.

비즈니스의 발걸음을 지역사회 개발 사역으로 인도하시다

많은 실패 가운데서도 주님은 비즈니스를 위해 그 땅의 곳곳을 다니던 나의 발걸음을 인도하셨습니다. 한국에서 버섯 재배를 위해 옥수수 코어(옥수수를 먹고 나면 남는 뼈대)를 모아서 컨테이너에 채워 보내달라는 요청이 있었습니다. 이곳저곳을 수소문하며 시골 농가를 다니다가, 한 마을에서 기독교인 이장님을 만났습니다. 여러 가지 정보를 듣고 식사 대접까지 받은 후 함께 짜이를 마시다가 자기가 사는 벽돌 마을을 보여 주겠다고 했습니다. 주변의 벽돌 공장을 돌아보다가 흙먼지 속에 있는 아이들을 보았습니다. 학교는 문턱에도 가본 적이 없고 가난을 대물림하며 살아가는 아이들의 모습이 돌아오는 길에도 계속 마음속에 남아 있었습니다.

결국 이장님과 같이 그 마을의 문맹 퇴치를 시작하였는데, 그것이 점차 발전하여 주일학교, 청소년 성경 공부 등으로 이어져 갔습니다. 리더들이 세워지고 성장하면서 허물어져 가는 교회를 보수하고 말씀과 예배에 힘쓰게 되었고, 지역 개발과 더불어 벽돌 마을들을 향한 여러 사역으로 확장되었습니다. 벽돌 마을 사람들은 주로 손으로 빨간 벽돌을 만들며 생계를 이어가고 있었습니다. 보통 사람들은 5분도 서 있기 힘들 것 같은 흙먼지와 뜨거운 태양 아래에서 일해야 합니다.

2부 나는 비즈너리입니다 ◇ 163

대개가 문맹이라 사역 초기에는 주민증 없는 사람도 많았습니다.

그들에게 조금 더 나은 노동 환경, 삶의 질을 만들어 주고 싶었습니다. 지난 14년 동안 여러 사역을 하며 문맹 퇴치, 기술 습득, 가정 경제의 발전을 위해 애썼습니다. 그들이 잘할 수 있는 기술들을 배우게 하여 자립을 도왔습니다. 목공, 페인트, 전기 등 다양한 분야에서 각자의 달란트를 찾고 계발하여, 지금은 어엿한 사회인이 되고 가정도 꾸리고 있습니다. 그 기간에도 희비가 엇갈리는 많은 사건이 있었습니다.

가장 가슴 아팠던 것은 나눠 준 염소가 죽었다고 거짓말하고 팔아 버린 비키 아빠의 일이었습니다. 처음에는 누워 있는 염소 사진을 찍어 보내며 병들어 죽어서 묻어 버렸다는 그의 말에 속았지만, 나중에 다른 사람을 통해 팔아먹었다는 사실을 알게 되었습니다. 그 이야기를 듣고 처음에는 화가 많이 났습니다. 그러나 그들 곁에서 살아가는 동안 그들의 삶을 생생히 보고 경험했기에, 얼마나 살기 어려웠으면 새끼를 낳을 때까지 키우지도 못하고 팔아 버렸을까 안쓰러워졌습니다.

아버지가 돌아가셔서 생활이 힘들었던 쉐자브는 문맹 퇴치 사역을 통해 글을 배우고, 사람들과의 관계도 좋아졌습니다. 관심 있던 목공도 배우기 시작했습니다. 무슬림인 목공소 주인은 기독교인에게 기술을 가르쳐 주지 않으려고 했지만, 눈썰미가 뛰어난 그는 어깨너머로 기술을 배우고 밤에 혼자 연습도 하였습니다. 그에게 뛰어난 달란트가 있음을 본 주인은 무슬림 기술자가 아파서 일을 못 하는 사이 그에게 조금씩 일을 주기 시작했고, 지금은 인정받는 목공인이 되었습니다.

수학을 열심히 배워서 길거리에 좌판을 깔고 장사를 하는 하룬, 릭샤 운전을 배워 자립하고 있는 아드난과 리야스트 등 지역 개발과 성경 공부를 통해 성장하고 자립해 가는 친구들을 보면 하나님께 감사와 찬양을 올려드리게 됩니다.

무슬림이 95%가 넘는 이 땅에서 그리스도인으로 살아가는 삶은 만만치가 않습니다. 특히 여성은 외출도 자유롭지 못할 정도로 규제와 제한이 많아 우리나라의 조선 시대같이 느껴집니다. 어느 날 마리암과 몇몇 자매가 재봉을 배울 수 있는 길이 열리면 너무 좋을 것 같다고 했습니다. 그 말을 듣고 함께 모여 조그맣게 모임을 시작했는데, 그 시간에 재봉을 배우기도 하고 성경 공부도 하였습니다. 그때 함께 한 아눔과 마리암은 소질이 있는 데다 열심히 배워서, 지금은 회교 교사를 대신해 다른 자매들을 가르치는 교사의 역할도 감당하고 있습니다. 전문인으로 커 나갈 이들과 함께 이 일이 실질적인 비즈니스로 활성화될 것을 기대하며 희망과 기쁨을 누리고 있습니다.

옥수수 코어를 찾는 비즈니스의 현장에서 한 사람을 만나게 하신 하나님께서 하나님의 사역을 놀랍게 이루어 가시는 것을 지금도 생생하게 봅니다.

실패를 딛고 새롭게 플랫폼 비즈니스를 꿈꾸다

안식년을 끝내고 다시 P국에 들어오면서, 지난 경험을 살려 현지 법인 무역회사를 설립하고 등록까지 했습니다. P국에서 비즈니스맨으로 살아가는 한국인의 장점은, 어디서 누굴 만나든지 그들이 한국과 연계된 무역을 하고자 한다는 것입니다. 현재는 그동안의 인맥으로 비즈니스 무역에 통역관으로 참여하기도 하고, 대리로 사업체 방문과 조사, 기본적인 가격 협상도 하는 등 우리가 할 수 있는 중계무역 플랫폼 비즈니스를 하고 있습니다.

중국에서 청바지를 만들어 미국으로 수출하는 H 사업자가 P국 의류 공단 정보를 요청해 와서, 직원 5천 명 이상에 자동화된 첨단 의류 공장 3개를 찾아내어 연결해 주고, 세계에서 두 번째로 암염이 많이 매장되어 있는 Q 지역 소금과 지하광물 등을 찾는 회사들이 있어 한국과 P국 무역을 연결해 주는 등 플랫폼 비즈니스가 활발하게 진행되고 있습니다.

플랫폼 비즈니스는 투자금이 들지 않고 언어 능력과 정보와 인맥 등 나만의 자원을 가지고 해나갈 수 있기에, 제3세계에서 선교적 역할을 하는 비즈니스로서는 훌륭한 아이템이라고 봅니다. 인터넷이 연결되면 어디서든지 이 사업을 진행해 나갈 수 있고, 시간 활용이 자유로우며, 신분도 확실하기 때문에 선교지에서 어디든 갈 수 있고, 사역에도 집중할 수 있습니다.

지난 20년간 끝없이 실패해도 포기하지 않고 도전하는 사이에 나에게 맞는 비즈니스 형태를 찾아가는 것 같습니다. 제3세계 권역의 비즈니스 선교는 낙타가 바늘귀로 들어가는 것처럼 어려운 것이 분명합니다. 그렇더라도 자신에게 맞는 아이템을 찾아 도전한다면 새로운 기회는 분명히 존재합니다. 특히 강성 무슬림 지역, 미전도 지역 등 위험과 어려움이 많다고 여겨지는 곳에서 오히려 놀라운 기회를 만나곤 합니다.

우리는 오늘도 성령께서 강하게 역사하시는 이 땅에서, 주님을 새로 믿고 주님 앞으로 나아온 형제들과 함께 하나님 나라의 회복을 꿈꾸며 즐겁고 행복하게 사역하고 있습니다. 아직도 개척할 땅이 많고 숨겨진 진주들이 많아 매일 흥미진진하게 예수의 비전을 품고 나아가는 인생을 살아갑니다.

"…사람으로는 할 수 없으나 하나님으로서는 다 하실 수 있느니라"
(마 19:26).

- 윤갈렙(선교사)

3부

비즈너리의 삶 이야기

하나님을 최우선으로 하여 헌신한 삶이므로
사역에서도, 삶에서도, 또 비즈니스에서도
좋은 열매가 가득하게 해주시면 좋을 텐데
현실이 꼭 그렇지는 않다.
기나긴 터널, 쓴웃음, 그리고 감격과 기쁨이 교차하는
비즈너리의 간증을 통해 하나님을 만나 보자.

1장

마음으로 품고 발로 밟게 하신 곳

신학교 1학년 봄 부흥회에서 A국 선교사로 헌신했다. 그때가 1986년이었는데 A국과 한국은 나라 간 수교도 안 되어 있었다. 나는 어떻게든 A국 선교사로 나갈 방법을 강구해야 했고, 마침내 텐트 메이커의 길을 선택한 사도 바울을 따르기로 결정했다. 이념은 국경을 넘을 수 없으나 비즈니스는 장벽이 없기 때문이다.

난 남들이 보기에 좀 독특한 신학생이었다. 무역학 개론과 A국 언어를 독학하질 않나, 영어를 배우겠다고 매일 아침 먼 길을 마다하지 않고 종로 시사영어학원에 가질 않나, 아무튼 일반적인 신학생들하고는 다른 삶을 살았다. 사역도 그랬다. 신학교를 졸업한 후 대학원 진학을 포기하고 곧바로 선교사로 헌신해 단기 선교를 거쳐 소수민족이 사는 T 지역에서 장기 사역을 시작했다.

A국에서 U족과 T족은 독립하기 위해 분투하는 소수민족이라서 A국 중앙정부가 이 지역에 외국인이 들어가 활동하는 것에 극도로 민

감하다. 그런 지역이기 때문에 공식적으로 선교사가 들어가는 것은 불가능하므로 선교사는 보통 학생 신분으로 들어간다. 이마저도 5년 이상을 연장해 주지 않는다. 그래서 장기적으로 선교를 하려면 전문인 사역을 해야 한다. 전문인 선교에는 여러 장르가 있다. 여러 장르 중에 나는 비즈니스 전문인 사역을 택했다.

본부 사역을 마치고 처음 시작한 T 지역 사역을 위해서 먼저 현지 사전 조사를 해야 했다. 재정 상태가 좋지 않아 집에 있던 금붙이를 다 팔아 비행기표를 사고 체류비를 마련했던 기억이 지금도 생생하다. 원래 가려던 T 지역은 워낙 외국인이 들어가기 어려운 곳이어서 그 옆에 접하고 있는 X시에 가기로 결정하고 조사하러 다녀왔다. 해발 2,300m의 높이에 있는 데다 강수량이 워낙 적고 나무도 귀해서 첫인상은 '삭막한 도시'였다. 이런 곳에서 어린 자녀들을 키울 수 있을까 고민이 될 정도였다. 그러나 부르심을 따라 그 땅에 갔다.

선교지에 다시 가자마자 가장 하고 싶었던 일은 가정교회 개척이었다. 사역다운 사역을 먼저 해보고 싶었다. 소수민족 언어를 배우러 다니는 대학에서 언어를 공부하며 학생들을 전도할 기회가 생겼다. 자녀들이 A국 학교에 들어가서 낯선 언어로 수업을 들어야 했기에 과외 교사를 구했는데 H족 자매였다. 친해진 후 전도를 했더니, 부모로부터 물려받은 무슬림 신앙에 대해 의문과 회의를 느끼던 차에 마른 스펀지가 물을 빨아들이듯 복음을 받아들이며 말씀을 배워 나갔다. 이 자매가 친구들을 데리고 오고 나는 교제하던 청년 두 명을 초청해, 드디어 아파트 한 채를 빌려 가정교회를 시작하였다. 주말에 예배로 모이고, 주중에는 형제들과 제자훈련을 했다. 매일 캠퍼스 전도, 중보기도, 땅 밟기 등 교회 부흥과 지체들의 성장을 위해 정말 열심히 달렸다.

그렇게 안정되던 교회에 예기치 않은 사건이 터졌다. 지체들이 수업을 빼먹고 전도 여행을 다녀왔는데 그것이 문제가 되어 학교 공안에 교회의 존재가 알려진 것이다. 어쩔 수 없이 교회 예배 모임을 폐쇄하고 지체들도 뿔뿔이 흩어졌다. 설상가상으로 제자훈련을 시키던 청년들과도 신앙에 대한 해석이 달라 헤어지고 말았다. 이 일로 나는 심각한 우울증이 와서 몇 년간 고생했다. 하나님의 뜻을 구했지만 이해할 수 없었다. 열심히 하려는 나에게 왜 이런 시련을 주시는지 받아들이기 힘들었다.

오랜 시간 방황하면서 '말씀을 가르치는 것이 아니라 말씀대로 살아내고 그것을 통해 제자를 양성하자'라는 결론에 도달했다. 형제들과 헤어진 결정적인 이유는, 나는 열심히 바울의 텐트 메이커 사역을 가르쳤지만 그들은 그런 삶을 받아들이지 않았기 때문이다. 그들은 교회나 선교사들과 함께하며 후원을 받아 생활하기를 원했을 뿐, 힘들게 일하며 사역하기를 원하지 않았다. 특히 비즈니스 선교를 장사하는 것으로 폄하했다. 직업의 귀천 의식이 남아 있는 그들의 문화는 일하는 것, 특히 장사하는 것을 천하게 여겼다. 아무리 설명하고 가르쳐도 이미 학습된 그들을 바꿀 수 없었다. 그래서 결심했다. 내가 말로만 성경을 가르치는 것이 아니라 말씀 그대로 살아낸다면, 함께하는 직원 중에서 전도해 말씀을 가르치며 삶에서 적용하는 것을 보여 준다면 진정한 그리스도의 제자를 만들 수 있을 것이라 확신했다.

교회가 해산된 후 본격적인 비즈니스 사역을 위해 베이커리 카페를 오픈했다. N시에서 베이커리 카페를 오픈하는 것은 쉽지 않은 일이었다. 인허가 절차가 매우 복잡한 데다 기관 10곳의 도장을 받아야 했다. 책임자를 만나야 하는데 찾아가면 자리에 없는 경우가 허다했다. 이미 가게 계약을 했기에 월세는 나가고 있는데 영업 허가는 나오지 않아 애를 먹었다. 그리고 임대한 매장이 가정용 전기가 들어오는 곳이었는데 오븐을 사용하려면 대용량 전기가 필요해서 산업용 전기로 바꾸어야 했다. 전환 신청을 하고 관련 기관에서 기술자가 나와서 조사까지 하고도 설치를 해주지 않았다. 그러자 옆집에서 조언을 해주었다. 뇌물을 주면 금방 해결될 거라고. 그러나 그럴 수는 없었다. 해결을 위해 기도하고, 3개월 만에 설치를 받았다.

이런 힘난한 과정을 거쳐 최종 서류를 제출했으나 여전히 영업 허가가 나오지 않았다. 왜 그런지 이유를 보니 나의 신학대학 졸업장 때문이었다. 그렇다고 비즈니스 사역을 포기할 수는 없어서 아내 이름으로 바꾸어 재도전했고, 드디어 영업 허가가 나왔다. 온 가족이 모여 감사예배를 드릴 때 눈물이 왈칵 쏟아졌다. 카페 오픈을 준비하고 영업 허가를 받기까지 모든 과정에 6개월이 걸렸다.

처음엔 운영비 절감을 위해 직원을 두지 않고 우리 부부끼리 운영했다. 일을 배우기도 하고 둘이 모든 것을 하려니 너무 바빴다. 그러다 한국 베이커리 카페로 소문이 나면서 손님이 늘기 시작했다. 단골이 생겼고, 단골들을 대상으로 전도할 기회를 찾고 얻기도 하였다.

베이커리 카페를 운영하면서 많은 사람과 연결되었다. 그중에는 가정교회 지도자도 있었다. 그를 통해 젊은 전도자들과도 만날 수 있었고, 비즈니스 선교에 대해 강의하고 훈련할 기회도 얻었다. 또 그들이 운영하는 사업과 사역을 컨설팅해 주었으며, 가장 오지에 있는 중요 거점 도시에 함께 가정교회를 개척하는 열매도 맺었다.

그동안 전도 여행을 다니고 T어 성경을 배부하고 전도지를 뿌렸다. 많은 사람을 만나고 여러 땅을 밟고 다녔다. 말씀(창 12:2)을 붙잡고 걸었던 수많은 지경, 평균 고도 해발 4,000~5,000m의 산지를 넘나들던 복음의 길, 이 길은 바울의 길이요 여호수아와 갈렙의 믿음의 길이었다. 나로 걷게 하셨던 이 길을 또 다른 후배 선교사님들이 걸어갈 것이고, 결국에는 그곳에 하나님의 영광과 하나님 나라가 선포될 것이다. 나는 씨를 뿌린 자이고, 열매를 거둘 자를 하나님은 지금도 찾고 부르고 계신다.

- 백두산(선교사)

2장

살아 역사하시는 하나님의 말씀

　예수님을 모르던 나는 유학 시절 예수님을 영접하였다. 한국으로 돌아온 후 A국 선교를 하는 교회를 찾다가 마침 단기 선교를 가는 교회가 있어서 교육받고 함께 떠났다. 그렇게 시작된 단기 선교는 장기 선교사의 길로 이어졌다.

　장기 선교사로 도착한 현지에서 열방네트웍 선교회 선교사를 만나 결혼하였다. 그때 비즈니스 선교라는 말을 처음 들었는데 매우 신선하게 다가왔다. 남편의 첫 임기(term) 사역은 옷을 구매하는 일(sourcing)이었는데, 나는 이런 일도 있구나 하며 가끔 따라다니는 정도였다. 두 번째 임기 때에는 현재 사역하고 있는 도시에서 팀으로 교회 개척, 제자 양육, 선교사 훈련, 신학교 사역을 했다. 세 번째로 선교 기업인 본국 사역을 거쳐, 네 번째로 지금 이곳으로 다시 와서 9년째 사역하고 있다.

　마지막 임기 때 나는 내 인생의 가장 값진 경험을 하고 예수님과 훨씬 더 깊은 관계를 맺었으며, 선교에 대한 이해를 정립하였다. 처음으로 우리 이름으로 된 사업체를 통해 비자를 받고 팀 사역을 하면서 그 안에 여러 어려움이 있었지만, 나는 이것을 통해 영적 돌파를 맛보았다. 우리 팀은 나이가 많은 편이어서 늦은 나이에 몸을 혹사하면서 일하느라 여러 아픔이 있었지만, 나는 그때가 내 인생의 황금기라고 생각하며 그 축복의 시간을 주신 하나님께 감사를 드린다.

팀으로 시작한 비즈니스

네 가정이 함께 팀으로 베이커리 카페 비즈니스를 시작했다. 단순한 비즈니스가 아니라 그리스도인으로서 삶과 선교 기업의 모델이 되겠다는 목적을 가졌기에 내 인생을 걸었다. 카페 사업 초반에는 어느 누구 할 것 없이 최선을 다해 일을 했다. 나도 늦둥이인 네 살배기 아이를 전동차에 태우고 퇴근 시간이 되도록 힘든 줄도 모르고 달렸다.

기본적인 것은 한국에서 배웠지만 전문성을 높이기 위해 매일같이 피자를 만들고 손님을 초대해 시식하게 하고 평가를 듣기를 수도 없이 했다. 좋은 평가와 반응이 오면서 자신감을 얻어 본격적으로 판매했던 날을 잊을 수가 없다. 오븐 상태에 따라 피자가 달리 구워졌고, 내 마음처럼 되지 않아서 초기에는 덜 익은 피자를 파는 실수도 했다. 당시 조용히 알려 주신 분께 아직도 죄송하고 감사한 마음이 크다. 시행착오를 거쳐 피자가 안정적으로 생산이 되면서 주위의 국제학교 등의 행사에서 빠지지 않는 품목이 되었다.

네 가정이 각각의 전문성을 가지고 피자를 비롯해 빵, 케이크, 커피를 만들며 열심히 일했다. 곧 하나였던 매장을 넓혀 세 곳으로 확장했다. 하지만 막상 매장 수를 늘리고 나니 각각의 사업장이 되어 고정비 지출과 세금 부담이 컸다. 그리고 주문 생산과 배송으로 진행되는 판매 방식이어서 다른 매장의 필요성도 크지 않아 확장했던 매장 두 곳을 정리하였다.

팀으로 일하면서 과중한 노동과 서로 다른 가치관과 의사 결정 문제 등으로 우리는 좌충우돌하였다. 지금 생각해 보면 그 과정을 통해 하나님은 우리의 내면을 성장시키셨다. 네 가정이 하나가 되어 움직이게 하셨던 것은 그분의 계획 안에 있었고 그 계획은 완전하였다. 매장이 다시 하나가 되고 함께하던 멤버들이 한국과 다른 사역지로 갈 때, 마음이 무너지는 것같이 아팠다. 그러나 그렇게 주저앉아 있을 수만은 없고 당면한 일을 해내야 했다. 짧은 기간 동안 케이크 만드는 것을 배워 처음으로 크리스마스 케이크 70여 개를 만들 때는 눈물이 다 났다.

코로나를 넘다

우리 가정이 혼자 매장을 맡아 운영하던 2019년에 코로나가 터졌다. 도시가 봉쇄된다는 소식을 어렴풋이 듣고, 대목을 위해 준비했던 모든 재료를 그대로 냉동실에 넣었다. 8시에 지역이 모두 봉쇄된다는 소식에 남편은 매장을 정리하고 8시가 되기 30분 전 도매 시장을 돌며 먹을거리를 찾아 수많은 인파를 뚫고 다녔고, 아이들은 아이들대로 나가서 먹고 싶은 것을 사게 했다. 가족이 뿔뿔이 흩어져 다니던 도시는 전쟁터와도 같았다. 아파트로 들어오면 다시 나갈 수 없었기에 최대한 일을 보고 8시에 맞춰 재빨리 들어왔다. 그 후로 40일간 집에 갇혀 있었다.

아파트 현관문을 종이테이프로 막는다는 연락이 왔다. 나가지도 들어가지도 못한다는 것이다. 이건 말도 안 된다고 생각하고는 툴툴거리며 새벽 3시에 과일과 채소를 파는 아저씨와 간신히 만나 음식을 성공적으로 구했다며 돌아왔다. 그런데 그사이 종이테이프로 문을 막아 버렸고, 나는 그걸 찢고 집에 들어온 것이었다. 정부의 지시를 무시하고 나갔다 왔다는 생각에 덜덜 떨었더니 친구들이 '위에 정책이 있으면 우리는 상책이 있다'며 위로해 주었다.

봉쇄가 끝나고 40일 만에 매장에 가보니 냉동고가 고장 나 있었다. 냉동고 안의 음식이 다 썩어서 쓸 수 있는 게 하나도 없었다. 내 속도 썩어 들어갔다. 뭐라 말할 수 없는 아픈 마음이 들었다. 직원들과 함께 쓰레기를 버리며 새 마음으로 시작하고자 했다. 얼른 코로나가 끝나기만을 기다렸다.

하나님의 임재 앞에 나아가다

무지막지한 코로나를 통해 하나님은 나의 진짜 신앙이 무엇인지 보게 하셨다. 아무도 없는 매장에 홀로 앉아 울며 기도하기 시작했다. 기도하며 신세 한탄도 하고 불만도 토로했다. 불 꺼진 매장에서 아무도 듣지 않을 것 같은 푸념을 하나님께 늘어놓았다.

코로나가 시작되고 1년이 지나고, 2년이 지났다. 그사이 눈물은 줄

어들고 기도가 마음을 타고 하늘에 상달된 듯했다. 나의 기도는 점점 순전해지고 말씀이 더 선명하게 들리기 시작했다. 날마다 퇴근 때가 되면 작은 등을 켜놓고 주님 앞에 앉았다. 아무것도 요구하지 않고 그저 하나님의 임재만을 기다렸다. 드디어 내면의 잡다한 소리가 사라지고 마음에 평안과 안식이 임하며, 내면에서 하나님의 영이 운행하시는 것을 알게 되었다. 성령께서 임하시는 그 시간을 나는 너무나도 사모했다. 말씀은 내게 친히 다가오셨다. 어떤 문제가 아니라 나를 위해 오셨고, 나의 갈급함을 기다리셨고, 나를 원하셨다.

코로나 사태가 중반을 넘어서면서 하나님께서 사람을 보내시기 시작했다. 한 사람 두 사람 와서 빵을 떼며 신앙 이야기를 하고 상담하면서 그것이 기도로 이어졌다. 기도처로 입소문이 나기 시작하면서 상담이 계속 이어졌다. 저녁 6시가 되면 어김없이 사람들이 와서 '언니' 하면서 알아서 빵을 사고 자리를 잡고 차를 준비했다. 상담할 사람들을 자리에 앉히고 이야기할 준비를 하고 기다렸다. 저녁 시간에는 매장에 손님이 별로 없었기 때문에 늦게까지 자유롭게 신앙 이야기를 나눌 수 있었다. 이야기가 무르익어 가면서 가게 셔터를 내리고 불을 끄면 조용한 기도 소리가 매장을 채웠다. 오는 영혼마다 성령께서 친히 돌보셨다.

우리 매장은 어느새 기도처가 되었고, 하나님께서는 우리 카페를 갈급한 영혼들이 와서 육신의 빵도 사고 영적인 빵도 얻는 장소로 사용하셨다.

느헤미야52 운동 - 말씀의 성벽을 쌓다

이 기도 사역이 일어나면서 하나님께서 교회를 맡기셨다.

코로나를 거치면서 많이 지체들이 떨어져 나갔고, 급기야 잘하고 있는 줄 알았던 핵심 멤버들조차 쓰러지기 시작했다. 하나님께서는 말씀의 부재가 이들의 근본적인 문제인 것을 알게 하셨다. 하나님께서는 느헤미야가 52일간 성벽 재건을 마친 것처럼 말씀으로 영혼의 성벽, 교회의 성벽을 세우라는 마음을 주셨다. 그렇게 '느헤미야52 운동'이 시작되었다.

내가 먼저 말씀으로 은혜를 받았다. 운동을 시작하던 초기에 나는 말씀을 많이 읽었고, 말씀을 통해 내 안에 거센 불꽃이 일어났다. 내 안에서 일어난 누를 수 없는 강력한 불 때문에 '말씀을 읽자'라고 외치고 다녔다. "한번 해봐라. 제대로 읽어 보면 안다. 내가 경험자이다. 내 말대로 해봐라." 누구를 만나든 말씀을 읽자고 불을 뿜듯 외쳤다. 지체들은 나의 외침에 긴가민가하며 다량의 말씀으로 채우기 시작했다. 한 사람 두 사람 변화가 일어나기 시작했고, 내가 체험한 말씀의 불이 다른 지체에게 번져 갔다. 어떤 이들은 불이 타오르고, 어떤 이들은 타다 말다를 반복하며 씨름했다. 미동조차 없는 이들도 있었다.

매장의 일, 말씀 가르치는 일, 상담, 기도하는 일을 하나님은 무리 지어 이끌게 하셨다. 공개된 곳이 예배처가 아니기 때문에 매장에서 삼삼오오 모이고 가정에서 소그룹으로 모여 기도하고 가르쳤다. 그러다 보안과 안정을 불안해하는 두 가정이 분립을 원했다. 우여곡절 끝에 두 가정을 분립하여 파송했다. 그러자 그 가정들이 자기 지역 사람들과 모임을 시작했고, 그 모임이 부흥함으로 그중 또 한 가정이 분립하여 새로운 신자들과 예배드리기 시작했다.

생명이 자라기 시작했고, 흩어졌던 자들이 변화된 설교자들의 말씀에 하나둘씩 돌아오고 새신자도 다시 일어나기 시작했다. 교회가 자존, 자립, 자양이 가능해지고 또 배가하는 교회가 되어 가면서, 이제 이들이 선교지로 나갈 수 있도록 교육하는 일을 해야겠다는 마음을 주셨다. 이들 스스로도 말씀 안에서 부르심을 확인하고 선교하러 가기를 너무나도 소망하고 있다.

말씀으로 인도받는 삶

하나님 안에서 내면의 세계가 변화되지 않고는 선교를 할 수 없다. 인간적인 노력으로는 죽도록 일만 하다 고갈되고 말지도 모른다. 말씀이 나를 채우고 내가 그리스도로 충만해질 때, 사업도 사역도 오직 그분의 이끄심으로 이루어진다. 이 진리를 경험하고 목격했다. 내가 어떤 일을 하는가는 중요하지 않다. 무슨 일을 하든지 주께서 이끄시도록 나를 그분의 기준에 맞추는 것이 중요하다. 나는 이제 그 비결을 안다. 오직 여호와를 경외하는 자, 오직 그분의 인자를 바라는 자를 기뻐하신다고 말씀하신다. 마지막이라고 생각하고 모든 것을 쏟아 넣은 나의 다짐은 하나님이 주신 마음이었다고 생각한다.

나는 비즈니스를 하며 아이들과 함께 고생하고 팀들이 모여 북적이던 그때가 내 인생의 황금기였다고 자주 고백한다. 모두가 함께 힘겨워했던 코로나는 내 인생의 용광로였다. 나를 낮추시고 주를 더 깊이 알아 가게 하신 그때를 오히려 감사와 찬송으로 올려드린다.

　마지막으로 이 땅의 교회들이 선교하는 교회, 말씀으로 돌아가는 교회가 되기를 간절히 소망한다. 예수 그리스도께서는 우리가 하나님과 화목해지기를 간절히 바라는 마음을 내게 부어 주셨다. 이 땅의 모든 이들이 마음에 그 말씀을 새겨서 그리스도와 동행하는 은혜를 알기를 마음 깊이 소망한다. 교회를 너무나 사랑하시는 그리스도께서 각 영혼을 완전한 자로 세우고자 하시며, 그를 위해 각 사람 속에 능력으로 역사하시는 이의 역사를 따라 힘을 다해 수고하라고 말씀하셨다. 내가 체험하고 깊이 안, 말씀이자 생명이신 그리스도의 그 풍성함을 이방에 전하는 데 나의 하프 타임이 쓰임 받기를 바라며 기도한다.

- 김에스라(선교사)

3장

빛과 어둠 가운데 비즈너리로 세우신 은혜

선교사로서 소명을 받다

나는 고등학교 2학년 때 선교사로 소명을 받았다. 고등학교 1학년 때 성령의 강한 임재를 경험한 후 거듭났고, 어떻게 사는 것이 하나님을 기쁘시게 하는 삶인지 깊이 생각하며 진로에 대하여 고민하였다.

그즈음 교회에서 부흥 사경회가 있었다. 대만에서 사역하는 한 여성 선교사님을 초청했는데 대만 산지의 원주민들과 함께 오셨다. 선교사님의 간증을 듣던 그때 하나님께서 나에게 선교에 대한 강한 인상과 소명을 주셨다. 어릴 때부터 끼와 재능이 다양했던 나는 하고 싶은 것이 많았고, 그래서 도리어 무엇을 할지가 고민이었다. 그런데 신기하게도 그때부터 나는 선교사가 되는 것 외에는 아무 데도 관심이 없었고 그 마음만이 내 마음의 중심이 되었다.

선교에 대한 물음과 인도하심

'선교란 무엇인가?' '선교는 어떻게 하는가?' '어느 나라로 가야 하는 가?' '준비는 어떻게 해야 하는가?' 등에 대한 이해와 지식이 부족한 내게 하나님께서는 선교한국을 만나게 하셨다. 각지에서 온 선교 관심자들을 만나면서 선교의 역사와 개념을 더 체계적으로 이해하고 정리해 나갈 수 있었다.

그때 당시에 선교한국이 주최하는 단기 선교학교 프로그램이 6개월간 매주 토요일마다 진행되었다. 지금의 퍼스펙티브스 훈련 과정과 비슷하다. 또래의 청년, 선교 관심자들과 한 조가 되어 과제를 하고 팀 미팅도 자주 했다. 서로에게 주신 선교 비전을 공유하는 시간이었다. 하지만 그중에서 실제로 선교지로 나가고 선교 사역을 감당하는 사람은 거의 없었던 것 같다. 그때 같은 조원들이 선교사가 되었다는 소식은 지금까지도 듣지 못하였다.

선교한국의 선교 프로그램을 통해서 나는 기존의 선교사들이 많이 파송된 지역과 거의 가지 않거나 가지 못하고 있는 지역들이 있다는 것을 알게 되었다. 그곳을 당시에는 '10/40 창'(10/40 Window)이라고 불렀다. 이곳은 창의적인 접근 방법이 요구되는 선교 지역이라서 '창의적 접근 지역'이라고도 불렀다. 창의적 접근 대상 국가는 공산주의·사회주의 국가, 배타적인 민족주의 국가, 이슬람 근본주의 국가 등이었다. 나는 그 지역에 마음이 움직였다.

당시 A국은 당연히 창의적 접근 지역 중 한 나라였다. 창의적 접근 지역은 기존의 선교 방법으로는 접근하기 어려운 지역들이라는 데 문제가 있었다. 이런 국가들도 학생비자는 받을 수 있지만 비용과 연령 등의 문제로 한계가 있었기 때문이다.

그래서 나의 그다음 고민은 '어떻게 하면 전문인 선교사가 될 수 있는가?'였다. 약 1년이 지나서 하나님은 내 지인을 통해, 다른 전문인 선교회에서 진행하는 창의적 접근 지역 선교를 위한 구체적인 방안들에 대한 논제를 다루는 교육 프로그램에 참여하도록 연결해 주셨다. 또다시 6개월간의 훈련을 받았다. 창의적 접근 지역에 접근할 수 있는 다양한 방법들을 좀더 세밀하게 배울 수 있었다.

ANN과의 만남과 훈련

두 가지 선교 훈련을 마치고도 여전히 선교의 방향을 찾고 있던 내가 열방네트웍 선교회(ANN)를 만난 것은 1995년 11월이었다. 계속해서 기도하며 선교지에 대해 하나님의 뜻을 묻고 있었다. 어떤 단체에서 어떤 방법으로 선교 파송을 받을지 고민하던 어느 날, 친구 중 하나가 그날 자신이 한 선교회 기도 모임에 기도 후원자로 가게 되었으니 함께 가자고 했다. 따라가면 뭔가가 있을 것이라는 막연하면서도 강한 확신이 들었다. 결국 친구와 동행했다.

우리가 도착한 장소는 어느 작은 빌라에 있는 선교 훈련 숙소였다. 그곳에서 선교회 기도 모임을 하고 선교회 비전과 주요 선교 대상 지역에 대한 설명을 들었다. 이곳에서는 A국 내륙의 한 거점 도시를 시작으로 'X-프로젝트'라는 거창한 비전을 품고 기도하고 있다고 하였다. 이야기를 들으면서 '하나님께서 나를 A국으로 부르고 계신 것인가?'라는 강한 마음이 들었다. 이렇게 ANN 선교회와 인연이 시작되어, 일단 기도 후원자로서 참석하였다.

선교회에서 이제까지는 남자 훈련생만 모집하였는데 다음 해부터는 여자 훈련생도 모집하여 훈련할 계획이 있다고 했다. 그렇게 나는 첫 번째 여자 훈련생이 되었다. 당시 선교 훈련은 매우 독특하였다. 선교 이론 교육만이 아니었다. 합숙 생활 훈련과 노동 훈련, 비즈니스도 이론이 아니라 직접 경험하게 하는 실전 선교 훈련이었다. 지금 생각해도 당시 ANN 선교회의 강도 높은 훈련은 선교의 특전사를 길러 내는 훈련이었다.

파송과 현지 사역

훈련이 끝나고 드디어 A국으로 파송 결정이 내려졌다. 그리고 이듬해 1998년 1월 파송을 받았다. 대학 내 기숙사에서 생활하면서 2년의 언어 과정을 이수하며 팀에서 운영하는 옷가게의 일을 도왔다. 그 시간은 바쁘기도 했지만 재밌고 유익했다. 현지의 많은 대학생, 타국에서 온 유학생들과의 사귐들을 통해 복음을 전하고, ANN 선교팀과 모임도 하면서 즐거운 싱글의 삶을 누렸다.

싱글 사역자의 장점을 찾아보면 제법 많다. 싱글 사역자는 기혼 사역자들보다는 일단 시간이 여유롭다. 자녀를 돌보거나 교육해야 하는 일이 없으니 매우 자유롭고 기동력도 좋다. 그리고 가정을 이룬 사역자에 비해 사역비가 매우 적게 든다. 집세, 식비, 교통비, 생활비 등 모든 면에서 절반 이하, 아니 1/3도 안 든다. 게다가 체류비에서 큰 비중을 차지하는 자녀 양육비나 교육비도 없으므로 선교사 체류 비용은 엄청나게 차이가 난다. 그리고 사역 측면에서 청년 대학생들에게 다가가기가 쉽다.

하지만 복음의 대상자인 현지인들이 가정을 이루면 싱글로서 한계에 부딪히게 된다. 교제나 방문이 어려워지기도 한다. 가정은 가정대 가정으로 만나 교제하며 말씀 안에서 삶을 깊이 나눌 때 더 실제적인 도움이 되기 때문이다.

결혼에 대한 응답: 선교 사역의 동반자

몇 년간의 현지 사역 후 한국에 돌아온 나는 본부 사역자로서 계속해서 사역을 이어 나갔다. 그런데 한 해 한 해 지나고 나이가 들면서 결혼에 대해 고민되기 시작했다. 그래서 33세부터 34세까지 1년간을 결혼을 놓고 작정 기도를 하고 중보 기도 요청도 했다. 하나님께서 내게 독신 사역을 원하시는지 알고 싶었고, 만약 그렇다면 그 마음을 확실히 주시기를 기도했다.

1년간의 기도가 끝나고 한 선교사님의 소개로 타 선교회 남자 간사님을 만났다. 그 만남이 결혼까지 이어져 지금은 부부로 동역하고 있다. 그가 바로 이복음 선교사이다. 남편은 선교 사역에 정말 헌신적인 사람이다. 당시에도 그가 몸담고 있던 선교회에서 자신의 모든 재능을 다 쏟아 일하는 만능 재주꾼이었다.

다시 현장으로

결혼 후에 남편의 선교회로 사역지를 옮겨야만 했다. 결혼 후 1년간을 남편과 함께 열심히 선교회의 본부 사역을 도와 일했다. 남편은 우리가 결혼하기 전부터 선교사로서 선교지에 나가려는 계획이 있었다. 그 지역은 내가 싱글 때 파송되었던 나라에 있었고, 내가 사역하던 지역에서도 멀지 않았다.

얼마 후 여러 가지 파송 절차를 거쳐서 현지로 갔다. 첫째 아이를 출산하고 2주 만에 파송식을 했다. 남편이 먼저 출국했고 나는 100

일간의 산후조리를 끝내자마자 100일 된 아기를 안고 출국했다. 여권 사진을 찍는데 마치 백일 사진을 찍는 기분이었다. 아기가 자꾸 한쪽으로 기울어지고 넘어져서 사진관 아저씨가 애썼던 기억이 난다.

우리의 사역지는 성경 번역이 필요했기에, 우리는 성경 번역에 필요한 언어 피드백과 성경 배포, 지방 사역자 양성과 찬양 제작과 보급을 도왔다. 그 밖에 현지 청년들을 중심으로 한 지하교회 모임도 하고, MK를 섬기는 사역도 하였다. 그렇게 7년이란 시간을 쉬지 않고 현장에서 사역하며, 나는 어린 두 자녀를 데리고 고군분투했다.

 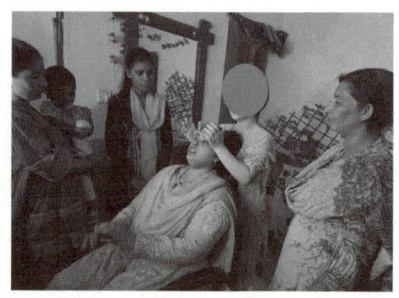

안식년인가, '안쉴년'인가?

사역 현장에서 5년이 지났다. 열정과 헌신으로는 둘째가라면 서러운 나였으나 탈진하고 말았다. 큰아이와 작은아이 사이에 유산도 한차례 경험했고 그때 조리를 제대로 못 해서 몸이 많이 상했다. 어린 아이들을 데리고 수많은 사람을 초대하고 섬겼다. 선교팀도 간간이 있었고 M족 사역자 가정도 함께하였다.

6년이 지났을 때 나의 가장 친한 친구 2명 중 하나가 대장암에 걸렸다. 친구가 암을 발견하고 1년 만에 장기 전체에 전이되어 결국 소천하였다. 죽음 직전까지 고통을 나누며 함께 기도해 왔던 나는 친구가 소천한 뒤에는 날마다 내 몸을 지탱하는 것조차도 쉽지 않은 탈진을 경험하였다.

파송 교회에서 7년간의 사역 지원을 약속 받았고, 그 외에도 여러 가지 일로 한국에 돌아갈 때가 되었다. 우리는 한국에 와서도 쉼 없이 곧바로 본국 사역에 투입되었다. 나는 ANN 선교회 본부 사역을 도울 기회가 생겼고, 남편은 남편대로 소속 선교회의 총무 일을 다시 맡아야 했다. 부부가 각각 일복은 타고났나 보다. 안식년을 하지 못한 채 우리의 '안쉴년'은 계속 연장되었다.

그러나 몸은 좀 힘들어도 ANN 선교회 본부 사역을 시작하면서 옛 동료들과 다시 만날 수 있어서 너무나 행복했고 외로웠던 마음에 위로가 되었다. 사랑의 마음을 담아 동료들을 섬기기 위해 본부의 사역과 현지의 사역을 정말 열심히 도왔다.

고난의 긴 터널을 지나며

유방암 3기 말

국내에 온 지 3년이 지났을 무렵 몸에 이상이 있음을 느꼈다. 몹시 피곤하고 외형적으로도 변화가 있어서 병원에 가서 건강검진을 받았는데 유방에 종양이 크게 자라 있다고 했다. 정밀 검사를 받아 보라고 해서, 그날 바로 소견서를 들고 상급 병원에 갔다. 즉시 조직 검사를 해야 한다고 했다. 곧바로 검사받고 다음 진료 날짜를 예약했다. 결과를 들으러 간 날, 청천벽력 같은 소식을 들었다. 유방암이 이미 많이 진행되어 림프샘에 2차 전이까지 되었다고 했다.

온몸이 그대로 땅으로 꺼지는 것 같았다. 마음은 혼란스러운데 눈물은 멈추지 않고 흐르고 있었다. 의사 선생님은 침묵 속에서 티슈를 계속해서 뽑아 주었다. 혼란스러운 와중에 중증 질환자 등록을 하고 나왔다. 내가 암 진단을 받은 그날은 100세 되신 시할머니께서 소천하신 당일이었다. 슬퍼할 겨를도 없이 우린 할머니의 장례식장이 있는 남편의 고향을 향해 아이들을 데리고 정신없이 달려가야만 했다. 가는 동안 고속도로를 타며 긴 터널들을 지났다. 긴 터널들을 지날 때 이것이 마치 우리가 피할 수 없이 거쳐 가야만 하는 고난의 긴 터널이 아닐까 생각했다.

투병 생활

S 병원에서 항암 치료부터 시작했다. 나는 암 중에서도 진행 속도가 최고인 데다 악성 중에서도 가장 악성에 속했다. 의사 선생님은 항암 치료를 하더라도 완치는 불가능하다며, 약물 치료 효과가 최저 2%에서 최고 12% 정도로 입증되었다고 했다. 한마디로 암의 진행 속도만 늦춰도 성공이라는 것이다. 처음부터 수술은 아예 못 한다고 했다. 왜 그런지 물었더니 주치의는 웃으며 수술은 초기 발견자에게나 가능한 치료법이라고 했다.

하나님은 내게 어둠의 긴 터널을 지나게 하셨다. 아무것도 보이지 않는 어둠과 절망의 긴 터널 말이다. 반복되던 일상이 모두 멈춰져 버렸다. 수많은 변화가 나를 찾아왔고, 나는 엄마의 자리에서도 아내의 자리에서도 물러나야 했다. 나는 다시 어머니에게로 돌아갔다. 연로하신 친정어머니는 엄청난 모성애로 나를 돌보아 주셨다. 그 돌보심에 마음이 너무 아팠다. 선교의 길을 매우 반대하셨던 부모님의 바람을 뒤로하고 한사코 떠나면서 아픔만 드린 딸이었고, 이렇게 죽음의 문턱에 놓인 육체를 끌고서야 어머니 곁에 와서 얼마 남았을지 모르는 하루하루를 지내게 됐으니 말이다.

그러나 감사하게도, '하나님을 위해 살았는데 왜 이렇게 큰 병을 주시냐고 말하는 친정 식구는 단 한 명도 없었다. 그것은 은혜였다. 사랑하는 부모님과 동생들을 위해 어릴 적부터 해오던 기도가 이미 응답받았기 때문이다. 가족 모두 성숙한 신앙인이 되어 있었다. 나와 남편도 하나님을 원망하지 않았다. 나의 슬픔은, 아직 하나님께 드릴 것이 남아 있는데, 이 정도만 받으시려는 건 아닌 것 같은데 여기에서 퇴장해야 한다는 것이었다.

항암 치료가 본격적으로 시작되었다. 8차 치료까지는 등급이 높은 강한 항암제를 투여했다. 일명 공포의 빨간 약물이다. 항암제 투여 1차만으로도 머리카락이 다 빠져 버렸다. 머리카락 뿌리가 녹아서 그냥 다 빠졌다. 항암제의 후유증으로 밥은 고사하고 물도 마실 수 없었다. 물 한 모금에도 그보다 더 많은 것을 토했다. 나는 임신 기간에 입덧을 심하게 했는데 그것도 저리 가라 할 정도였다. 해산의 몇십 배 같은 통증이 나를 공포로 몰아넣었다. 혼이 나갈 지경이었다. 헛소리도 터져 나왔다. 고통에 잠을 잘 수 없었고, 통증이 더 심해지는 밤은 길고도 길었다.

너무 무섭고 외로웠다. 아무도 함께할 수 없는 혼자만의 고통, 그것은 죽음의 고통이요 공포였다. 그냥 죽는 게 더 낫겠다는 생각이 들 만큼의 고통이랄까. 문안 전화도 받을 수 없었다. 목사님과 선교사님들에게 전화가 오면 바로 지금 기도해 달라고 했다. 1차 항암만으로도 그냥 모든 것을 포기하고 도망치고만 싶었다.

하지만 수많은 기도에 힘입어 죽을 각오를 하고 8차에 걸쳐 강력한 항암제 투여를 받았다. 나중에 의사도 웃으며, 체구가 작고 체력도 너무 약해서 1차, 2차 정도에 포기할 줄 알았다고 했다. 항암 치료제의 종류는 매우 다양했다. 항암을 하고도 크게 고통스럽지 않았다는 사람들도 있지만 그들에게 쓴 것은 다른 약물이다. 처음 병원에 갈 때는 두 발로 걸어서 갔지만, 그다음에는 두건을 쓰고 갔다. 그다음엔 가발을 쓰고 갔고, 그다음엔 남편이 휠체어에 태워서 항암 치료를 받으러 갔다. 나의 몸은 약물 부작용으로 퉁퉁 부었고 쇠약해질 대로 쇠약해졌다.

회생

나의 투병 생활은 가까운 지인들과 여러 동역 교회 지체들에게 전해졌고, 남편의 SNS를 통해서도 전해졌다. 놀랍게도 20여 개국에서 수많은 선교사들이 함께 기도해 주고 있었다. 많은 곳에서 전화가 걸려 왔고 응원의 글이 쏟아졌다. 곳곳에 우리 가정을 위한 기도 모임까지 생길 정도로 많은 이들이 중보기도를 해주었다. 그리고 엄청난 물질 후원으로 치료비까지 큰 도움을 받았다.

진단 당시 암세포가 유방 전체와 림프샘에까지 퍼지고 2차 전이가 되었는데도 불구하고 신기하게도 자궁이나 다른 곳에는 더는 전이가 되지 않고 있었다. 정녕 그 가운데서도 하나님은 섭리하고 계셨던 것이다. 항암 치료 1년 만에 놀라운 기적들이 일어났다. 1년 동안 10여 차례의 항암 치료를 마친 후 놀라울 만큼 암세포가 사라졌다. 외래 주치의나 항암 담당 의사도 이건 기적이라고, 믿을 수 없는 일이라고 했다. 나는 그들에게 하나님이 하셨다고 말했다.

암세포가 거의 사라졌어도 미세하게는 남아 있었다. 병원에서는 전에 암세포가 퍼졌던 곳까지 모두 도려 내야 한다고 했다. 나는 믿음으로 수술하지 않아도 된다고 생각했지만, 가족들과 병원에서는 반드시 수술을 받아야 한다고 했다. 본인들이 받는 수술이 아니라서 그런지 그렇게 단호할 수가 없었다. 결국 수술을 받기로 했다. 나는 7시간의 대수술을 받았고, 남들보다 마취에서 쉽게 깨어나지 않아 수술이 끝나고 2시간 후에 겨우 깨어났다. 수술할 때 곳곳의 조직을 떼어 조직 검사를 했는데, 의사가 떼어 낸 암세포의 100%가 다 죽어 있다면서 정말 믿기지 않는 경이로운 일이라고 축하한다고 했다.

하지만 수술이 끝이 아니었다. 15회가 넘는 표적 치료가 남아 있었다. 이전보다 약한 약물이었지만 3주마다 항암 치료는 계속되었고, 30회가 넘는 방사선 치료도 받았다. 2개월간 주말 빼고 매일 방사선 치료를 받으러 다녔는데, 하필이면 그때가 한여름이었다. 매일 땡볕 아래서 혼자 병원에 걸어가서 치료받은 후 돌아오는 길에는 자꾸 숨이 차 길에 주저앉기도 했다. 지금도 나의 폐에는 방사선 치료의 화상이 흔적으로 남아 있다. 이렇게 나는 죽음의 긴 터널을 지나 어느덧 그 고난의 끝에 이르고 있었다.

깨진 쪽박도 꿰어 쓰시는 하나님

항암 치료를 앞두고 있을 때 치료할지 말지를 고민했다. 장정도 넘어진다는 무서운 치료란 걸 알면서도 받아야 하는 심정은 커다란 공포로 가득할 수밖에 없다. 아픈 몸으로 남편의 부축을 받으며 날 위해 달려와 주신 친정어머니와 함께 집 근처 교회로 새벽기도를 하러 다녔다. 그 새벽기도회 때 우리 부부를 잘 아는 집사님의 권유로 담임목사님의 기도를 받았다. 선교회에서 한 달에 한 번 기도 모임을 하느라 장소를 빌리는 교회이기도 해서 목사님은 우리 부부가 선교사인 것을 잘 알고 계셨다. 목사님은 우리 부부의 손을 꼭 잡고 눈물의 기도를 해주셨다.

"주님, 주인이 아껴 쓰던 쪽박은 깨져도 버리지 않고 꿰어서 쓰지 않습니까? 이제까지 주님만 바라보며 충성스럽게 달려온 여종의 몸이 상하고 병들어 죽게 되었습니다. 이 몸을 고쳐 다시 써주옵소서."

그 기도처럼 나의 병은 나았다. 치료를 시작하고 5년째 되는 해까지 정기 암 검사를 시행했다. 그때마다 아무런 이상이 없었다. 하나님은 정말로 나의 병을 고쳐 주셨다. 기적을 행하셨다. 그리고 더욱더 견고한 하나님의 사람으로 다져 주셨다. 그렇다. 목사님의 기도처럼 하나님은 나의 스토리, 아니 그분의 히스토리를 여기서 끝내지 않고 깨진 쪽박을 고쳐 다시 쓰길 원하시나 보다.

복음을 파는 상인

선교지에서 귀국하여 국내 본부 사역을 한 지 7년이 되었을 때, 하나님께서는 우리 부부를 제2의 선교지로 파송하셨다. 우리가 가리라고 전혀 생각해 보지 못한 곳, 바로 이슬람 국가였다. 그리고 우린 지금 P국에서 한국 음식을 파는 비즈너리로 살아가고 있다.

우리 선교회는 기존의 선교사 비자로는 갈 수 없는 보안 지역에 선교사를 파송하는 선교단체이다. 대부분 비자 받기도 어렵고 선교사들이 많이 가지 않는 나라들, 그리고 환경도 좋지 않은 나라들이다.

그 나라에서 모두가 각기 비즈너리의 삶을 살며 선교 사역을 병행하고 있다. 기존의 선교사들보다 몇 배는 더 힘들 수 있다. 우리도 편하게 사역하고 싶지만, 우리가 가야 하는 지역은 쉽게 갈 수 없는 곳이다. 하지만 오히려 복음이 더욱더 필요한 나라들이다. 그분의 뜻에 순종하며 이렇게 어려운 나라에 가 있는 선교사들을 하나님께서는 얼마나 기뻐하시겠는가?

그래서 나는 ANN에 남았고, 이곳에 있는 동료 선교사들을 존경하고 사랑한다. 한 분 한 분이 너무도 귀하고 존경스럽다. 인간적으로 자랑할 것이 있어서가 아니라, 말씀을 삶으로 살아 내기를 힘쓰며 그 삶으로써 선교하기 때문이다. 말이 아닌 삶으로 말이다. 우리는 동료를 넘어서서 형제자매와 같다. 사랑하는 우리 동료들에게도 사랑과 감사를 전한다.

내가 제일 좋아하는 찬양을 꼽으라면 나는 박종호 씨의 '하나님의 은혜'란 곡을 꼽을 것이다.

나를 지으신 이가 하나님
나를 부르신 이가 하나님
나를 보내신 이도 하나님
나의 나 된 것은 다 하나님 은혜라
나의 달려갈 길 다 가도록
나의 마지막 호흡 다하도록
나로 그 십자가 품게 하시니
나의 나 된 것은 다 하나님 은혜라
한량없는 은혜 갚을 길 없는 은혜

내 삶을 에워싸는 하나님의 은혜
나 주저함 없이 그 땅을 밟음도
나를 붙드시는 하나님의 은혜

선교의 주체는 하나님이심을 잊어서는 안 된다. 그러므로 선교란 내가 가고 싶은 곳으로 가는 것이 아니라 나를 보내신 분의 뜻대로 보내지는 것이다.

아무리 생각해 봐도 나같이 연약한 그릇을 어떻게 부르셨는지 믿기지 않는다. 나는 하나님이 아니면 쓸 수가 없는 자이다. 예수님이 말씀하신 포도원 품꾼의 비유를 보면, 품꾼이 아무리 쓰임 받고 싶어도 자신을 불러 주는 주인이 없으면 일할 수가 없다. 부르심을 받는 것은 오직 하나님의 은혜다. 나는 오늘도 사역 현장에서 하나님의 은혜를 찬양한다. 천막을 지으며 복음을 전했던 텐트 메이커 사도 바울처럼, 남편과 함께 한 손으로는 김치를 만들어 팔고, 또 다른 한 손으로는 복음을 들고 전하는 비즈너리의 삶을 살아간다.

- 주사랑(선교사)

4장

약한 나를 강하게 하신 하나님

　2000년대 초 내가 선교에 입문하던 당시의 한국은 선교의 폭발적인 부흥이 일어나던 시기였습니다. 선교는 축제와 같고, 사역지에서 이루어지는 일들은 마치 갓 결혼한 신혼의 삶과도 같다고 말했고, 주님과 함께라면 무엇이든지 다 이룰 수 있다며 자신감을 강조했습니다. 그래서 이전에 보아 왔던 헐벗고 연약한 선교사의 이미지가 아닌 자신감이 넘치는 모습으로 첫 선교지로 향하였습니다.

　하지만 사역지에서 20여 년을 보내고 다시 '선교란 무엇인가'라는 질문 앞에서, 나는 어린 시절에 보고 충격을 받았던, 아마존에서 말라리아로 순교한 선교사님의 모습을 떠올리게 됩니다. 선교란 핑크빛 삶이 아니라 은혜가 아니면 안 되는 삶, 나의 약함을 드러내지 않고는 나아갈 수 없는 자리임을 고백합니다. 모든 순간을 나의 힘이 아니라 하나님의 온전한 은혜 가운데 살아왔음을, 나의 약함이 곧 하나님이 내 안에 머무시게 하는 능력이 되었음을 고백합니다.

에스겔 47장 환상에서 하나님은 물이 발목까지 차는 얕은 물가에서 점점 건널 수 없는 깊은 물, 완전히 죽어야 하는 깊은 물로 인도하며 은혜의 깊이를 알게 하십니다. 이처럼 A국에서의 사역은 하룻강아지처럼 설익은 우리가 주님의 은혜의 강에 익숙해지도록 얕은 물가에서 놀면서 하나님의 사랑을 맛보았던 시기였습니다. 첫 사역지였던 A국에서 하나님은 우리 가정에 생명을 얻는 맛과 목양의 즐거움을 보여 주셨습니다. 그 땅은 그저 기쁨의 땅이었습니다.

자신감은 오히려 장애가 된다

나는 제2기 사역으로 간 P국에서 처음 맞닥뜨린 현실에 큰 충격을 받았습니다. 우리가 아는 기독교가 과연 이 땅에 존재하는가를 의심할 정도였고, 동시에 우리가 얼마나 서구식 기독교 문화 안에서 자만하며 살고 있었는지를 스스로에게 질문하게 했습니다.

P국은 한국보다 3배나 긴 400년의 기독교 역사를 가진 땅입니다. 이 땅에 처음 기독교가 들어왔을 때 서구의 선교사들은 구제 사역과 함께 가난한 자들을 위한 복음을 전파하였고, 천민으로 있던 가난한 종족들이 집단 개종을 하면서 복음이 전해졌습니다. 그러나 불행하게도 카스트제도의 장벽에 부딪히며 복음이 널리 전파되지 못하였고, 오히려 기독교는 천민의 종교로 전락하고 말았습니다. 천민들이 기독교로 개종은 했으나 교육이나 훈련이 없어 그들의 삶이 기독교인의 삶으로 이어지지는 못했습니다. 삶이 뒷받침되지 못하면서 그들은 명목상의 기독교인으로 고착되었고, 지금까지 P국의 기독교인은

천대받는 부류로 남아 있습니다.

이미 종교적 경건 생활을 하며 그것을 자랑으로 살아가는 무슬림들에게, 더구나 그들이 사회의 모든 기득권을 가지고 기독교인들을 종으로 부리는 곳에서 복음을 전한다는 것은 계란으로 바위 치기와 다름이 없어 보였습니다. 나는 이 땅에서 복음을 전하는 것이 가능한가 하는 비관적인 생각과 큰 고민에 사로잡혔습니다.

이러한 충격 속에서 P국에서 보낸 첫 번째 시기는, 나는 부서지고 무너져 없어지고 오직 하나님의 은혜만이 나의 삶 가운데에 서는 시간이었습니다. 이전 A국에서의 경험에 사로잡혀 자신만만하게 내 힘으로 무엇을 해보려 발버둥 칠수록 밑바닥으로 떨어지고 있음을 알게 하셨습니다. 물론 그 가운데서도 하나님께서는 우리를 이모저모로 사용하셨지만, 궁극의 질문 앞에서는 아무런 답을 찾을 수 없는 상태가 계속되었습니다.

고난의 자리로

선교지에 가서 몇 개월간 설사로 고생하던 둘째 예강이는 너무 어린 시절에 장기적인 배변의 문제로 장하수 상태가 되었고 그 후유증으로 항문용종 수술을 받아야 했습니다. 그것이 끝인 줄 알았는데 신장에 이상이 생겨 생명이 위독한 어려운 상황에 처하게 되었습니다. 열 살밖에 안 된 아이가 연속해서 혈액 투석을 해야 했고, 10일 이상 구토하며 음식물을 섭취하지 못했습니다. 그 모습을 보면서 이러다가 아이가 어떻게 되는 것은 아닌지, 차라리 내가 아팠다면, 제시간에 아이를 치료할 수 있는 환경이었더라면 등의 생각들로 아이에 대한 죄책감이 들었습니다.

　이 일로 인해 우리 가족은 흩어져야 했습니다. 6개월간 두 아이는 아빠와 P국에서, 그리고 저는 예강이와 한국에서 떨어져 지내며, 각자의 처소에서 침묵하며 나를 죽이고 나는 아무것도 할 수 없음을 고백하며 철저히 은혜를 구하는 시간을 가졌습니다. 인간들은 우주를 여행하고 인공지능 로봇이 사람의 일을 대신하는 21세기를 자랑하며 교만을 드러내지만, 바람 한 점에도, 세포 하나에도 무너지고 마는 것이 또 인간입니다. 내 힘으로는 아무것도 할 수 없고 오직 은혜만이 우리에게 능력이 됨을 고백하며 하나님의 은혜를 묵상했습니다. 돌이켜 보면 절망이 엄습하는 시간이었습니다.

　그런데 이 일로 나와 우리 가정은 하나님의 은혜가 무엇인지, 죽기까지 우리를 사랑하시는 하나님의 사랑이 어떠한 것인지를 배우고 깨달았습니다. 아이가 투병하는 동안 그렇게 정이 들지 않던 P국 땅이 간절함으로 다가왔습니다. 혹시 돌아가지 못하게 되는 것이 아닌가 하는 생각이 들면서 그 땅으로 돌아가기를 얼마나 간절히 기도했는지 모릅니다. 예강이와 둘이 병원에서 투병 생활을 하는 동안 "주님! 예강이 손 잡고 다시 P국 땅으로 돌아가게 해주십시오" 하고 얼마나 간절히 매달렸는지 모릅니다.

　세 아이를 키우고 있지만 사실 아픈 아이에게 애정이 더 가고, 특별히 생사를 오가는 시간을 같이했던 예강이는 항상 내 마음에 특별한 애정을 불러일으킵니다. 그러면서 우리를 향한 하나님의 사랑을 조금이나마 깨닫게 되었습니다. 가장 말썽을 부리고 돌아오지 않는 아픈 열방을 오히려 하나님은 더 사랑하시고 돌아오기를 애타게 기다리시는구나, 아픈 손가락처럼 바라보고 계시는구나 하는 마음이 들면서, P국과 잃어버린 열방 무슬림을 향한 하나님의 애타는 마음을 알게 하셨습니다.

나는 반드시 6개월 안에 선교지로 돌아가야 했으나, 그런 나에게 주치의 선생님은 최소 3년 동안 약물치료를 해야 한다면서 우리를 이해할 수 없다는 듯 매번 다그쳤습니다. 그래서 기도하고 또 기도했습니다. 하나님의 은혜가 부어지기를, 이 일을 통해 우리의 연약함이 하나님의 능력이 되기를 구하며 기도했습니다. 감사하게도 세계 각국의 지체들이 함께 기도해 주셨고, 예강이는 6개월 만에 비행기를 탈 수 있을 만큼 빠르게 회복되었습니다. 의사 선생님은 기적같이 아이가 회복되었다고 하며 소견서를 써주었지만, 그것은 기적이 아니라 하나님의 은혜였습니다. 아이가 아플 때 정말 아무것도 해줄 수 없는 무기력한 나의 모습을 깨닫고 온전히 하나님의 은혜만을 간구할 때 하나님께서 응답하며 은혜를 부어 주셨습니다. 하나님께서 이 아이를 살리셨다는 고백이 나왔습니다.

내 은혜가 네게 족하도다!

"내 은혜가 네게 족하도다 이는 내 능력이 약한 데서 온전하여짐이라."

예강이가 아팠다가 회복되는 과정을 통해 하나님께서는 우리 가정이 온전한 회복의 은혜를 보게 하셨고 입을 열어 열방에 복음을 전하게 하셨습니다.

아이가 아파 자녀 문제로 사역을 접어야 하는가를 고민하며 사역의 기로에 있었을 때, 남편은 나와 예강이를 한국에 두고 두 아이를 데리고 무작정 P국으로 돌아갔습니다. 그리고 하나님께서는 이사야 61장 1절과 사도행전 1장 8절 말씀을 통해 우리가 가장 약하고 무엇을 해야 할지 알 수 없는 지금 여호와의 성령을 구하고 주님의 증인이 되라는 응답을 주셨습니다. 아이의 목숨을 살려 주신 하나님께서 '네가 네 아들을 사랑하듯이, 내가 사랑하는 나의 아들을 죽이기까지 열방을 사랑하듯이, 이제 너도 이 땅에서 열방을 사랑하고 그들에게 복음의 증거자로 서라'라고 다시 한번 말씀하셨습니다. 아이를 살려 주신 은혜 속에서 생명을 보게 하셨고 영혼 구원의 자리로 인도하셨습니다.

무슬림도 천국을 소망하는 자들입니다. 하나님께 가고 싶으나 길을 잃고 헤매는 자들일 뿐입니다. 이들에게 복음의 증인, 복음의 길을 알려 주는 자로 다시 한번 설 것을 말씀하셨습니다. 남편과 더불어 나도 구체적으로 복음을 선포하는 훈련을 받았고, 처음으로 내 입을 열어 무슬림에게 복음을 전하였습니다. 무슬림 지역에서의 선교는 성과를 이루려는 것이 목표가 아닙니다. 복음의 씨앗을 뿌리고 그것이 열매를 맺도록 하나님께 맡기는 것입니다.

1기 사역 5년 때보다 다시 돌아온 이후 훨씬 많은 친구를 만나고 선한 영향을 주려 노력하고 있습니다. 아이의 아픔을 알리고 무슬림 친구들에게 당당하게 기도 부탁을 하였습니다. 그랬더니 그동안 내게 다가오지 못하던 친구들이 아들의 안부를 물으며 좀더 친근하게 다가오기 시작했습니다. 매번 나에게 무슬림의 거룩을 장황하게 이야기하던 친구가 성경에 관심을 보이기도 했습니다. 남편은 거리에서 만나는 사람들에게 직접 복음을 전하고 비즈니스 현장 속에서는 성실한 삶으로 복음을 나누었고, 나는 내 주위에 있는 친구들에게 내 삶의 모습을 통해 직간접적으로 주님이 주시는 은혜에 빚진 자로 복음을 나누게 되었습니다.

나와 고난의 때를 함께한 동역자 아이들

"엄마, 우리는 왜 한국이 아니라 다른 나라에서 살아야 하나요?"
여름에 한국을 방문하고 콘퍼런스에 다녀오더니 아이들이 나에게 비수와 같은 질문을 던졌습니다. 아이들은 이곳에서 어쩌면 우리보다 더 전투적인 삶을 살고 있는지도 모릅니다. 외국인이라는 타이틀에다 인구의 97%가 무슬림인 이곳 사람들이 업신여기는 기독교인이라는 이름표까지 달고 있으니 말입니다.
이곳의 일반 학교에서는 무조건 무슬림 교육을 받아야 합니다. 그래서 아이들을 학교에 보내면서 그나마 외국인에게는 무슬림 교육에 대해 열린 학교를 선택하였고, 교장 선생님의 배려로 우리 아이들은 이슬람 수업을 면제받았습니다. 그런데 다르게 구별되어야 하는 이 시간이 아이들에게는 더 큰 산, 넘어야 할 산이었는지도 모릅니다. 부모는 아이를 학교로 보내면 그만이지만, 아이들은 학교에서 하루의 반을 생활하며 이 땅의 현실을 온몸으로 맞닥뜨려야 했습니다. 도서관 문이 잠겨 있을 때는 갈 곳이 없어 계단에 쭈그리고 앉아 이슬람 수업이 끝나기를 기다려야 했고, 어떤 날은 교실 맨 뒤에 있는 의자에 앉아 선생님의 눈치를 봐야 했고, 그것도 여의치 않을 때는 운동장을 배회해야 했습니다. 99%가 무슬림인 학급에서 친구들과 어쩌다 종교 이야기가 나오면 그날은 아이들이 시무룩하게, 때로는 눈물을 흘리면서 집으로 왔습니다. 반 아이들은 우리 아이들에게 무슬림이 되라고 계속 강요하기도 하고, 따돌리기도 했습니다.

이러한 힘든 시간을 보내는 아이들에게, 이 모든 것을 하나님께서 우리에게 주신 사명으로 알고 감당하며, 하나님의 자녀로서 세상의 빛과 소금이 되라며 격려했지만, 학교에서 현실을 감당하는 일은 오로지 아이들의 몫이었습니다.

감사하게도, 그런 상황에서도 아이들은 한 번도 학교에 가기 싫다고 말하지 않았습니다. 시간이 흐르고 환경을 받아들이고 사람을 받아들이며, 아이들은 이제 이 땅의 일원이 되었습니다. 아이의 반 친구들을 집에 초대해서 함께 즐거운 시간을 가졌습니다. 성탄절의 의미를 조금이라도 전하고 싶어 집에 크리스마스트리 장식을 하고 쿠키를 구워 예쁘게 포장해서 '메리 크리스마스' 하며 각각 손에 들려 집으로 보냈습니다. 그랬더니 엄마들도 고맙다며 감사의 메시지를 보내왔습니다. 반 아이들은 이제 우리 아이들을 자연스럽게 받아들이고 있고, 함께 마음을 나누는 친구가 되었습니다.

한국어 단어가 점점 낯설어지던 큰아들 데이비드가 책을 보다가 물었습니다. "엄마, 조기교육이 뭐예요?" "조기교육? 음, 말 그대로 아주 어릴 때부터 교육을 시작하는 것이란다." 이 단어를 설명하면서 하나님의 일꾼으로 조기교육 중인 아이들을 생각하게 되었습니다. 엄마의 마음으로는 때때로 짠하고 미안하고 안타깝지만, 이 아이들은 어려서부터 하나님의 사람으로서 그 삶 가운데 훈련받고 있는 것이라는 생각이 듭니다. 어린아이들이 감당하기에 쉽지 않은 환경임에도 오히려 우리보다 밝고 힘차게 자라 준 아이들이 참 감사하고, 부모의 설득이 아니라 스스로 이 땅에서 살아가는 이유에 대해 찾아가고 있는 것 같아 감사합니다.

다섯 살 꼬맹이로 이 땅의 삶을 시작했던 데이비드는 이제 어엿한 대학생이 되었습니다. 이 땅에서 쉽지 않은 시간을 보내었음에도 오히려 세계의 이슈에 귀를 기울이고 국제사회에 관심을 가지며 현재 국제학을 공부하고 있습니다.

아이들도 우리 부부도 앞이 보이지 않는 여러 상황 속에서 조금씩 이 땅에 스며들어 이곳의 일원이 되어 가고 있습니다. 내가 좋아하는 찬송가 28장의 "주의 귀한 은혜 받고 일생 빚진 자 되네 주의 은혜 사슬 되사 나를 주께 매소서"라는 간절한 고백처럼 은혜의 사슬로 묶인 삶을 살아가길 소망해 봅니다.

"우리가 약할 때에 너희가 강한 것을 기뻐하고 또 이것을 위하여 구하니 곧 너희가 온전하게 되는 것이라"(고후 13:9).

나의 약함을 자랑하며 이 약함이 오히려 하나님의 능력으로 나타남을 기대하고 싶습니다. 나는 아무것도 할 수 없다고 고백하는 그때가 바로 우리가 일어설 때입니다. 지금도 여전히 이 땅은 암울하지만, 이 모든 것이 누가 보아도 하나님이 일하셨다고 고백할 수밖에 없는 길을 만들기 위함임을 고백하며 나아가길 소망합니다.

"모든 은혜의 하나님 곧 그리스도 안에서 너희를 부르사 자기의 영원한 영광에 들어가게 하신 이가 잠깐 고난을 당한 너희를 친히 온전하게 하시며 굳건하게 하시며 강하게 하시며 터를 견고하게 하시리라"(벧전 5:10).

- 한드림(선교사)

4부

새 시대의 비즈너리

복음은 변하지 않는 진리지만
복음을 듣고 예수 그리스도를 영접해야 하는 사람들은 변했다.
세계가 바뀌었고 선교의 흐름도 바뀌고 있다.
그에 맞게 비즈너리의 사명과 삶도 변해야 한다.
선교와 선교단체, 비즈너리는
새 시대에 어떻게 사역을 펼쳐 나가야 할까.

1장

한국어로 영혼을 만나다

이끄심: 선교와의 만남

대학 시절에 만난 하나님은 '어딘가에 신이 있을 것 같다'라는 나의 막연함에 종지부를 찍고 사랑 가득한 모습으로 내게 찾아오셨다. 누구나 그러하듯 잠 못 이루는 밤, '인생을 어떻게 살아야 할까'를 고민하며 하나님께 길을 구했고, 그분을 기쁘게 하는 삶으로 '선교'라는 답을 찾았다. 선교에 대해 초짜, 어린 풋내기인 내 눈에도 막 시작된 비즈니스 선교가 남은 추수 지역에 대한 전략적인 선교라 여겨져 열방네트웍의 문을 두드렸다.

열방네트웍에서 1년 동안 합숙 훈련을 받았다. 노점에서 물건을 팔아 돈을 벌고, 수많은 경영학 책, 선교학 책을 읽고 토론하며 전도하는 일 등으로 새벽부터 밤늦게까지 훈련이 진행되었다. 그동안 익숙하던 것을 버려야 하는, 두렵고도 고된 훈련이었다. 하지만 동시에 두려움에 도전하고 한계를 뛰어넘는 시간, 나만의 무용담이 생기며 무척 재미있던 시간이기도 했다.

가장 기억에 남고 지금도 감사한 교훈은 대표 선교사님과의 인터뷰에서 얻었다. 평균 이상은 하고 있다고 여기던 자기 만족감을 깨뜨리시고 그분 특유의 예리함으로 그때까지 아무도 보지 못하고 내 안에 숨어 있던 타협하는 습관을 지적해 주셨다. 대표 선교사님은 최선의 직진보다는 장애물과 부딪치기 싫은 마음에 늘 에둘러 차선의 길을 택해 돌아가던 나의 삶의 태도를 꿰뚫어 보셨다. 깊게 찔린 아픔보다는 어렴풋이 느끼던 나의 약점들을 직시하는 밝은 눈을 갖게 된 시간이라 지금까지 두고두고 마음에 고마움이 남아 있다.

마중물: 한국어 교사

훈련을 마치고 A국으로 파송을 받고 나왔다. 대학 시절에 받은 새 생명에 대한 고마움 때문에 특히 캠퍼스 사역에 마음이 갔다. 정식으로 교회가 없는 지역이어서 캠퍼스 사역이 곧 교회 사역이 되는 곳이었다.

언어 습득 과정을 마칠 때쯤 선임 선배를 따라, 선배 집 거실에서 선배 가정과 현지인 두 명과 함께 주일 모임을 시작했다. 현지인보다 한국인 사역자가 더 많은 시작이었지만 선배를 따라 하는 모든 것이 배움이었다. 지금 생각해 보니 도제식 훈련이 아니었나 싶다. 어떻게 캠퍼스에서 학생들과 접촉점을 찾아 친구가 되는지, 복음을 전할 적절한 타이밍을 어떻게 찾는지, 주일 예배와 소그룹 공부는 어떻게 하는지, 현지어로 이루어지는 이 모든 과정을 신기해하고 존경하며, 그렇게 선배에게 사역을 배워 나갔다. 캠퍼스에서 시작된 소그룹이 교회로 자라나 현지 리더들이 세워지고 리더십 이양과 선교 헌신으로 부흥하는 모든 과정에 참여할 수 있어 정말 영광이었다.

비즈니스와 캠퍼스 사역이 퍼즐처럼 큰 선교의 그림을 맞추는 조각이라며 캠퍼스 사역만을 생각하던 나는 학생비자 연장이 안 되면서 처음으로 큰 벽에 부딪혔다. 답답한 심정으로 그날도 캠퍼스 땅밟기를 나갔다. 교실 건물을 돌고, 기숙사를 돌고, 식당을 돌며 그 땅을 축복하고 캠퍼스 구석구석을 돌 때 나의 눈에 큰 현수막이 눈에 들어왔다. '경축, 한국어 학당 개설.' 그 순간 X국 남필립 선교사님과의 대화가 번뜩 생각났다. 남 선교사님은 X국 대학에서 한국어학과 교수로 재직하고 계셨다. 아무 연고도 없는 그곳에서 어떻게 일하게 되었는지 질문했을 때, 그 학교에 자신의 경험을 적은 메일과 이력서를 보내 교수직에 지원했다고 하셨다.

나는 선배의 경험을 따라 이력서와 자기소개서를 준비해 무작정 한국어 학당 사무실을 찾아가 나만 한 한국어 선생님이 없음을 설명했다. 처음에는 나와 눈도 마주치지 않고 냉대했지만 결국 그곳에서 취업비자를 받으며 캠퍼스에 남았고, 그 후 캠퍼스 사역의 절정기를 보냈다. 그리고 지금까지 한국어 교사라는 전문성을 가지고 사역할 수 있는 토대가 마련되었으니, 선배의 경험이 나의 경력을 만들어 준 감사한 일이었다.

학교에서 취업비자를 받으며 일한 지 꽤 되었을 때, 이 일도 경쟁이 시작되었다. 더 젊고 더 좋은 자격을 갖춘 사람들이 많아지면서 다음 단계에 대한 고민이 시작됐다. 그 무렵 같은 지역에서 함께 지냈던 민속촌 사장님인 김 장로님의 간증이 좋은 교훈이 되었다.

장로님은 제주의 오래된 옛집을 고쳐 관광객들에게 제주의 옛 모습을 보여 주는 민속촌을 만들어 사업을 시작하였는데, 사업이 잘되자 동네 사람들이 여기저기에서 비슷한 사업을 시작하면서 다 같이 사업이 어려워졌다. 장로님은 그때 다른 사람들과 경쟁하지 않고, 과감히 사업장을 접고 민속촌에 납품할 제주 특산품을 만들어 이전보다 더 큰 사업을 하였고, 그렇게 함으로 다른 사업자들을 경쟁자가 아닌 새로운 고객으로 만들었다고 말씀해 주셨다.

감명을 받고 마음에 깊이 새겼던 그 이야기가, 경쟁이 심해진 한국어 교사 시장에서 내가 할 수 있는 것이 무엇일까 고민할 때 좋은 이정표가 되어 주었다. 이를 계기로 한국어 교사가 가기를 꺼리던 중동 지역에 관심이 생겼다. 마침 A국 현지 사역자들이 타 문화 사역자로서 선교 훈련을 받아야 할 때 그들이 갈 중동 땅에 대한 정탐이 필요했고, 최전선으로 나갈 수 있는 지혜와 용기를 얻을 수 있었다. 그 후 중동 지역에서 보낸 시간과 경험은 한국어 교사로서도, 선교 훈련을 위한 지역 연구자로서도 참 즐겁고 행복했던 귀한 시간이었다. 김 장로님이 주신 지혜는 그 후에도 갑작스럽게 닥친 코로나로 인한 혼란 속에서 갈 길을 찾을 수 있도록 길잡이가 되었기에 감사의 마음을 전한다.

중동에 부는 복음의 새로운 언어: 한국어

중동에서 만난 학생들은 생각보다 한국어가 유창했고, 한류 열풍으로 인해 한국 문화를 너무 잘 알고 있었다. 우리가 일본 만화를 보며 자란 유년 시절이 있듯이, 이 아이들은 한국 드라마와 예능을 보고 자란 세대였다. 그리고 무엇보다 한국어가 단순한 취미 이상의 '복음' 같다는 생각이 들었다.

고등교육을 받아 바깥세상을 보며 자유에 대한 갈망이 생겼지만, 여전히 보수적인 그 사회에서 그들은 그 갑갑함을 '한국어'라는 통로를 통해 열사의 뜨거움보다 더 무섭게 뿜어내고 있었다. 암에 걸려 힘든 항암 치료를 하면서도 수업에 빠지지 않고 나오는 학생, 아버지에게 간 이식 수술을 한 다음 날 다크서클이 얼굴을 뒤덮을 만큼 몸이 힘든 상태로 수업에 나오는 아이들을 어떻게 이해해야 할까? 매주 사막의 뜨거운 길을 2시간씩 운전하고 와서 수업을 듣고, 계속 유급을 하면서도 부끄러워하지 않고 똑같은 수업을 반복해서 들으며 한국어를 포기하지 않는 이 학생들이 오히려 나는 불가사의했다. 선교사가 현지어를 배우고, 현지 문화에 적응하고, 친구가 되기 위해 다가가야 하는 모든 과정과 노력이 생략되고, 반대로 견고한 그 땅의 학생들이 한국어를 배우고 싶어 한국 선생님에게 놀자고, 친구가 되고 싶다고 찾아오고 있었다. 한류를 보고 자라 한국을 사랑하는 그 땅의 사람들에게 이제 한국어는 복음을 알려 줄 새로운 언어이자 도구가 되었음을 절실히 깨닫는다.

오프라인이 닫히자 온라인을 여시는 하나님

곧게 뻗은 아스팔트 길을 달려오다 어느 순간 길이 끊기더니 넓은 광야가 펼쳐진 세상을 만났다. 리더가 된다는 것은 도로 위 맨 앞에서 달리는 것이 아니라 도로가 끊긴 광야, 아무도 가보지 않은 그 길에 서서 매 순간 선택하고 책임지는 것이라는 글을 읽은 적이 있다. 코로나 세상은 이와 같은 선택과 책임의 무게를 우리 앞에 던져 놓은 것 같았다.

코로나로 현지에서는 식료품 사는 것 외에는 통행금지 명령이 내려졌고, 나는 재택근무를 하며 화상 수업으로 몇 개월을 보내다 결국 한국으로 철수하였다. 이제 어떻게 할 것인가라는 무거운 주제를 안고 한국으로 돌아왔다. 그리고 다시 하나님께 길을 물었다.

코로나로 인해 재택근무를 하며 집에 꽁꽁 묶여 있던 차에 온라인 무료 한국어 수업을 시작했다. 반응이 너무 좋았다. 기다렸다는 듯이 학생들이 모여들었다. 코로나와 쿠데타로 2년째 휴교령이 내려져 집에서 시간만 죽이던 미얀마 대학생도 오고, 한 번도 한국 사람을 만난 적이 없는 인니 시골 마을의 고등학생도 왔다. 한국어 전공자이지만 말하기가 서툴러 부끄러운 튀르키예 대학생도, 한국에 결혼 이민 온 베트남 새색시도 우리 수업의 학생이 되었다. 모두들 한국어를 어느 정도 할 줄 알았기 때문에 우리는 매주 주제를 정해 자기 생각을 말하고 때로는 토론도 하면서 한국어에 대한 갈증을 풀어냈다. 서로 다른 나라에 살면서 온라인에서 만나 한국어로 의사소통한다는 것이 너무 재미있었고 모두에게 특별한 경험이 되었다. 코로나로 세계가 닫혔지만 온라인 세상이 열렸고, 멀어진 세계는 인터넷으로 더 가까워진 것을 우리는 모두 깊이 느끼고 있었다.

수업이 끝나갈 무렵 미얀마 학생이 미얀마 수업을 만들어 달라고 부탁했다. 미얀마의 상황 때문에 학생들은 학교에 가지 못하고 밖으로 다닐 수도 없어 2년째 집에만 있으며, 유튜브로 한국어 드라마를 보는 것이 유일한 공부이자 오락이라고 했다. 뜨거워지는 뭉클함을 하나님의 사인으로 받고 바로 승낙을 했다. 강좌를 만들고 수강생을 모집했는데 모집 기간 일주일 동안 400여 명이 신청했고, 신청 메일을 확인하는 것만으로도 너무 힘들었다. 혼자 감당할 수 있는 수준이 아니라서 급히 교회에 도움을 요청했다. 다행히 모 교회 선교 한국어 교사들의 모임(선한샘)에서 여러 선생님이 자원해 주셔서 10여 개의 수업이 개설되었고, 지금까지 계속되고 있다. 이 일로 말미암아 온라인에서 한국어를 가르치는 모임인 '한국어 사랑'이 만들어졌다.

그 후로 중동, 중앙아시아, 동남아시아, 심지어 남미의 다른 나라 학생들도 참여하기 시작했고, 다른 교회 선생님들도 함께하면서 한국어 토픽 시험, 쓰기, 한국어 회화 등 다양한 수업이 개설되어 진행되고 있다. 온라인 수업이 시작된 지 3년이 다 되어 가는 지금 20여 명의 선생님이 미얀마, 스리랑카, 태국, 홍콩, 우즈베키스탄, 파키스탄, 벨라루스, 러시아, 인도, 아랍에미리트, 카타르 등 11개국 200여 명의 학생들 수업을 이끌고 계신다.

새롭게 꾸는 선교의 꿈

온라인 한국어 수업이 대륙마다 또 나라마다 만들어져 온라인으로 공부하다가, 방학 때마다 단기 선교로 그곳을 찾아가 '한국어 캠프'로 오프라인에서 학생들을 만나면 얼마나 반갑고 신날까. 상상만으로도 즐겁다. 온라인에서 만나던 선생님을 오프라인에서 만나면 그보다 더 큰 영향력 있는 선물이 없을 것이다. 온라인 한국어 선교를 오프라인과 결합하여 1년에 두 차례 현지에서 한국어 캠프를 열고 현지 선교사님들과 연결한다면, 선교의 아름다운 연합이 될 것이다. 특히 선교사가 들어가기 어려운 중동 이슬람 지역에서 그 효과가 더욱 빛날 것이라 생각하며, 온라인 선교의 미래를 꿈꾼다.

그러나 아직 선교지의 상황은 녹록하지 않다. 지금 미얀마는 경제 상황이 나빠서 전기가 하루 2~3시간, 심한 곳은 30분 정도밖에 들어오지 않는다고 한다. 전기가 들어오는 동안 최대한 집안일을 하고 휴대폰을 충전해야 한다. 그리고 한국어 수업이 있기 전까지 배터리를 최대한 아껴야 한다. 언제 다시 전기가 들어올지 모르기 때문이다. 전력 소모를 막기 위해 화면도 끄고 목소리로만 수업에 참석하며 애를 써도 중간에 배터리가 떨어지면 수업에서 나갈 수밖에 없다.

배터리가 떨어질까 조마조마한 마음으로도 간절히 한국어를 배우고 싶어 하는 학생들을 보며 생각한다. 왜 하나님은 우리 시대에 한류 열풍이 불게 하셨을까? 한두 나라도 아니고 전 세계의 젊은이들이 한국 문화에 열광하며 한국어를 목숨처럼 배우고 싶어 하게 하신 이유가 무엇일까? '복음!' 복음 외에 무슨 답이 있으랴. 이 모든 것이 이것을 위함이 아닐는지….

그러나 여전히 한국어 선생님은 턱없이 부족하다. 지금도 전 세계 많은 학생이 온라인 한국어 수업을 신청하고 본인이 선택되기를 간절히 기다리고 있다. 교회의 한국어 선생님들이 더 많이 일어나야 할 때이다. 예수님 시대에 사람들이 로마를 동경했듯, 이제 한국은 많은 사람에게 동경의 대상과 꿈이 되었다. 바울은 로마로 가야 했지만 한국은 이미 그 중심 로마가 되었다. 우리가 선교사이든 아니든 우리에게 주어진 새로운 시대의 새 필요로 나아가야 하는 길 위에 서 있는 것이다.

   일주일에 1시간, 집에서 노트북을 켜고 우리는 해외 선교사가 된다!

- 민들레(선교사)

2장

이주민 사역 이야기

씨를 뿌리고 물만 주었을 뿐인데 나의 영광이 된 친구들

수년 전에 미얀마에서 한국 이주민 센터 출신들과 파송 교회 선교팀과 담임목사님, 그리고 우리 부부가 만나는 시간을 가졌다. 20년 넘게 함께했던 이주민들이 고국으로 돌아간 후 정착해서 어떻게 살고 있는지 궁금했기 때문이다. 한 형제에게 연락하고 갔는데, 약 20명이 호텔로 찾아와 주어 감동했고 감사했다. '별로 해준 것도 없는데 이렇게 환대를 받다니….' 그들을 통해 하나님은 쉬지 않고 일하고 계심을 볼 수 있었다.

2008년 쓰나미 때 자신이 경영하던 새우 양식장을 보러 갔다가 쓰나미에 휩쓸렸던 죠민은 그때 간신히 야자수 잎을 붙잡았다. 그리고 코앞에 닥친 죽음 앞에서 "하나님, 한 번만 살려 주십시오. 그러면 제가 예수님을 믿겠습니다"라고 외쳤다. 이리저리 휩쓸리다 모래밭에 던져져 큰 부상 없이 살아난 죠민은 그 말처럼 예수님을 믿고 교회에 다니게 되었다면서 눈물을 흘리며 간증했다. 만약 죠민이 한국에 있을 때 이주센터에 와서 예배를 드리지 않았다면 위기의 순간에 하나님과 예수님을 찾았을까? 우리는 씨를 뿌리고 물을 줄 뿐, 열매 맺게 하시는 분은 하나님이심을 기억하고 사역해야 함을 다시금 깨달았다.

존슨은 미얀마 정보국에서 근무했다. 그러나 그는 소수민족인 K족으로 진급에 어려움이 있다고 여겨 상사의 권유로 부산으로 왔다가 경기도 광주로 와서 나를 만났다. 당시 존슨은 쉬면서 친구를 만나고 빨래와 장보기를 해야 하는 주일마다 찾아오는 나를 피해 다니기 일쑤였다. 그런데 2012년쯤 결혼하고 한국에 다시 와서는 수소문해서 나를 찾아와 정중하게 사과했다. 자기들을 위해 많은 희생을 하며 도와주었는데, 외국인으로서 내 이야기가 마음에 와닿지 않아서 적당하게 거리를 두었다는 것이다.

존슨은 귀국해서 새우 양식업을 했는데 2008년 쓰나미로 새우가 다 떠내려가서 망했을 때 내 생각이 났다고 했다. 그러면서 이제는 무엇을 해도 하나님의 말씀대로 하겠다고 생각하고 다시 한국에 와서 직장을 다니며 주말에는 신학교에 다니고 있다고 했다. 목회자가 되려는 것이 아니라 비즈니스를 해도 하나님의 말씀에 따라 하려고 신학을 공부한다고 해서 기뻐하며 격려해 주었다.

처음으로 미얀마를 방문했을 때 다시 존슨을 만났다. 그는 '타이니 씨드'라는 NGO에 소속되어 일곱 군데에서 지역 개발을 하고 있었다. 나중에 안 사실인데, 원래 NGO는 개발하는 지역에 종교를 가지고 들어가지 못한다고 했다. 그런데도 그가 일을 탁월하게 잘하니 담당자들이 모르는 체해 주었고, 그 덕분에 개발하는 지역에 사역자를 데리고 가서 교회도 개척하고 있었다. 존슨은 옷을 만드는 재봉 회사도 운영하고 있는데, 잘될 때는 직원이 30여 명이었으나 코로나와 쿠데타를 겪으며 지금은 10여 명이 일하고 있다.

존슨은 내가 자기를 시냇가에 심어 주었다고 고백하며, 자기도 미얀마 135개 종족을 품고 그들을 시냇가에 심고 자라게 하여 그들이 시냇가에 또 다른 영혼을 심게 하고 싶어 한다. 지금 미얀마에는 주류인 버마족과 소수종족 간의 끊임없는 분쟁으로 고아들이 많다. 존슨은 이런 고아와 어려운 친구들을 데려다가 공장에서 먹이고 재우고 기술을 가르쳐서 자립시키고 있다. 또한 일터에서 성경을 배우고 예배를 드리는 일터 교회도 개척하고 있다. 하나님은 그분의 쉬지 않으시고 일하심을 존슨 형제를 통해 보여 주셨다.

불어 터진 라면으로 시작된 사역

이주민 사역은 아주 작은 일에서 시작되었다. 1993년은 열방네트웍 선교회가 시작되던 해이다. 회사를 경기도 광주 쪽으로 옮기면서 관련 업체에 자주 방문했다. 어느 날 이주민 두 명이 라면을 끓여 퉁퉁 불려서 먹는 모습을 보고 왜 그렇게 불려 먹느냐 물어 보니, 몇 달 월급을 못 받았고 비상금마저 다 떨어져서 라면 하나를 끓이고 불려서 양을 늘려 먹고 있다고 했다. 그 모습에 그저 도움을 주고 싶다는 생각이 들어 주일 오후에 집으로 오면 한국어를 가르쳐 주겠다고 했다. 찾아온 이들에게 쌀과 김치, 밑반찬을 나눠 주면서 외국인들이 오기 시작했다.

이바울 선교사가 찾아오는 이들에게 복음을 전하자고 해서 영어 통역을 세워 복음을 전했다. 이때 예수님을 영접한 묘우와 쎄인의 삶이 변화되었고, 그들이 친구들을 데려오면서 찾아오는 이주민이 늘었다. 혼자 감당할 수 없어서 사랑의교회 전도팀에 요청하여 함께 사역하면서 이주민 사역이 시작되었다.

매주 식사로 섬겨 준 아내와 열정적으로 이주민들을 돕고 가르치며 섬긴 교사들의 수고로 2명에서 시작된 모임은 40여 명으로 늘어났다. 집의 마루와 침실까지 꽉 차서 공장 일부를 개조해 교회 공간으로 만들었다. IMF로 어려움이 있었지만, 하나님께서 자기 백성의 필요를 채워 주심을 경험하는 귀한 시간이었다.

나그네들의 필요를 채우며 동역한 귀한 손길들

이 세상에 쉬운 일이 어디 있겠는가? 처음에는 무엇을 어떻게 해야 할지 몰랐다. 물어 볼 곳도 없었고 안내해 주는 책도 없었다. 이주민 사역을 해본 사람이 없고 경험도 없어서 우리는 더욱 하나님을 의지하며 기도할 수밖에 없었다.

이주민들을 돕고 섬길 때 가장 큰 어려움은 이주민들의 치료였다. 우리를 찾아오는 이주민 대다수는 불법 체류자 신분이었기 때문에 아프거나 다치면 정상적인 치료를 할 수가 없었다. 하지만 하나님께서 외과, 내과, 치과 선생님들을 알게 하셨고 그분들이 기꺼이 이주민들을 치료해 주셨다.

다음은 미지급되는 임금이었다. 이주자들 대부분이 현지에서 집 두 채 정도의 빚을 내고 브로커들을 통해 들어왔기에 월급을 받아 빚을 갚아 나가야 했다. 이곳에서는 급여가 낮다 해도 그들 나라에서는 큰돈이기 때문에, 몇 달씩 임금을 받지 못해도 그 돈을 포기할 수 없어 다른 회사로 옮기지 못했다. 불법 체류라는 그들의 신분을 악용하는 사람도 있어서 시간을 허비하고 어려움을 겪는 이들이 많았다. 그래서 그들이 좋은 회사로 옮기도록 도와주곤 했다.

차량 문제도 있었다. 당시 이주민 교회가 광주 오포 태재고개에 있어서 자동차로 교회에 데려와야 했다. 그런데 인원이 많다 보니 여러 대를 동원하여 차 한 대당 7~9명을 태우고 다녔다. 불법 체류자들인 데다가 초과 인원을 태웠기에 경찰 단속을 피해 언덕이 심한 산길로 다녀야 했다. 그래서 내 차는 물론 다른 이들의 차도 냉각 호스가 자주 터졌는데, 모두 짜증 한 번 내지 않고 감사하며 감당해 주었다.

당시는 외국인이 낯설어서인지 이주민들이 몰려다니는 것을 사람들이 좋아하지 않았다. 주일이면 몇십 명씩 이주민이 몰려다닌다고 주변 사람들이 광주경찰서에 신고해서 출석 요구서가 날아오기도 했다. 처음 경찰서에 출두했을 때 몹시 당황스러웠고 생각도 많았다. 주변에 기도를 부탁하고, 무슨 일이 생길지 몰라서 비즈니스 영역은 아내와 공장장에게 인수인계하고 출두했다.

하지만 막상 조사받으면서는 주께서 담대한 마음을 주셨다. 외국인들을 돕는 이유에 대해 "나는 그리스도인으로 당연히 해야 했고, 내가 믿는 하나님은 이런 분이시다"라고 말하며 그들에게 복음을 전했다고 진술했다. 그 말을 들은 담당자는 조사보다는 오히려 위로하면서 이주자들이 사고 치는 일이 없도록 교육해 주길 당부했다. 그 이후로 신앙생활과 사역을 하는 데 담대함이 생겼고, 하나님께서 나의 모든 것을 해결해 주심을 믿고 다 맡기는 삶을 살 수 있게 되었다.

IMF 때, 한번은 이주민 사역을 위해 기름과 식사가 좀더 넉넉했으면 좋겠다고 했는데 다음 날 하나님께서 40만 원과 쌀 10포대를 바로 보내 주셨다.

당시 이주민들 기숙사는 컨테이너나 처마 밑에 대충 만든 방이어서 너무 열악하고 형편없었다. 게다가 침구류도 넉넉하지 않아 늘 춥게 지내는 것을 보고도 걱정만 하고 도울 수 없어 안타까웠다. 〈난곳 방언〉에 이런 내용을 기고했는데 어느 분이 글을 읽고 수소문해서 전화를 주셨다. 이주민 사역을 위해 이불을 조금 나누어 줄 수 있다는 것이다. 아내와 '몇 채를 주실까? 승용차를 가져가야 하나, 아니면 화물차를 가져가야 하나?' 하고 이야기하다가, 그래도 화물차를 가져가는 편이 좋겠다 싶어서 트럭을 가지고 갔다. 도착해서 인사를 나누고 난 뒤 한참이 지나도록 소식이 없어 마음이 불편했다. 긴 기다림 끝에 말하길, 남편이 신앙이 약하니 믿음 생활 잘할 수 있도록 기도해 달라고 부탁하며 방금 만든 이불을 다 주겠다고 하신다. 재고가 아닌 새것으로 주려는 그 마음을 제대로 헤아리지 못하고 섣불리 판단한 나의 교만함에 한없이 부끄러웠다. 얼마나 많이 주셨는지 트럭에 높이 쌓일 정도여서, 이주민 친구들에게 다 나누어 주고도 남아 우리 선교사 훈련 센터에까지 가져갈 수 있었다.

여러 가지 어려움을 만날 때마다 하나님께서 해결해 주셔서 은혜로 사역을 감당할 수 있었다. 이 사역은 나 혼자가 아니라 사업가, 제약회사 회장님, 외국 반도체 회사의 한국 책임자 등 사랑의교회에서 열 분이 넘게 통역과 차량 운행과 교사, 의료, 재정으로 섬기면서 봉사를 넘어 영혼을 품고 섬기셨기에 가능했다. 그때 함께했던 한 의사 선생님은 광주에서 이주민 교회를 개척하여 지금도 그들을 섬기고 있다.

향상교회에서 선교사로 파송받고 나서 교회에서 함께해 주시는 분들이 많아졌다. 5년 전쯤 안경점을 운영하는 사장님께 향상이주민센터 상황을 소개했는데, 자신이 하고 싶은 일을 하고 있다며 지금까지 함께하고 계신다. 10년 넘게 가족과 함께 미얀마에 선교 여행을 다니면서 열악한 안경점을 보고 '마중물 안경점'을 열기로 약속하고 이를 위해 점심을 금식하고 기도하며 일정 부분의 수익을 들여 진행하고 있다. 그뿐 아니라 센터에도 기계를 설치하고 기술을 가르치면서 제자를 키우고 있다.

동반자와 함께하는 사역: 밥 퍼 사역

아내는 나보다 더 적극적인 사람이었다. 아내는 사역자보다 장로가 되어 교회 사역에 헌금을 많이 할 수 있는 사람과 결혼하고 싶어 사업을 하던 나와 결혼했다. 그런데도 내가 어느 날 선교의 길에 들어섰을 때 아무런 반대 없이 주어진 일에 최선을 다해 주었다. ANN의 훈련이 시작되었을 때 훈련생들이 먹을 김치 등의 음식을 만들어 지원했다. 회사에서는 따뜻한 밥을 지어 식사로 이주민들을 정성껏 섬겼다. 찾아오는 이주민들이 많아지면서 이들의 식사를 어떻게 하나 걱정했는데 혼자서 해결하는 모습을 보며 감사했다. 성탄절 같은 때는 150명분의 찰밥, 불고기, 잡채 등 7찬으로 섬기곤 했는데, 지금도 가끔 자기는 결혼하고 밥한 기억밖에 없다고 말한다. 심지어 우리 아이들보다 이주민들에게 밥을 해먹인 것이 더 많았을 거라는 말에 공감한다.

신학 공부를 하러 미국에 갔을 때도 아내의 '밥 퍼' 사역은 계속됐다. 한 목사님과 함께 개척한 교회에서도 기꺼운 마음으로 식사를 담당했고, 귀국해서도 지금까지 계속하고 있다.

나그네를 접대하는 것은 사역이다. 서두에서 말했듯이, 내가 처음 미얀마를 방문했을 때 센터 출신의 20여 명이 호텔로 찾아와 교제했다. 그들은 대뜸 왜 사모님은 안 왔냐고 물었다. 자기들이 어려웠을 때 정성껏 준비해 준 저녁 식사를 결코 잊을 수 없었다며 나보다 아내를 찾았다. 그 모습을 보면서 식사 접대가 사역에 얼마나 귀하게 사용되었는지 알게 되었다.

토요일에 청소를 해도 주일에 식사를 접대하고 끝나면 설거지와 청소 등 정리를 또다시 해야 한다. 아무리 힘들어도 힘들다고 불평하지 않고 잘 감당하는 아내에게 늘 미안하고 감사하며, 앞으로도 이 귀한 사역에 늘 함께하길 소망해 본다.

상황과 숫자에 좌고우면할 수 없는 복음

이주민 사역을 하면서 뇌진탕으로 사망한 친구와 귀국을 앞두고 발병하여 사망한 친구, 그리고 벨트에 옷이 말려 들어가 사망한 링택의 장례를 치러야 했다. 마음에 변화가 생기는 것에 두려워하던 링택에게 복음을 전하지도 못하고 사고로 보내게 되어 두고두고 후회하였다. 그동안 이런저런 일과 상황으로 주저하던 나는 그 일을 통해 복음을 전하는 일에는 그 어떤 것도 양보해서는 안 된다는 것을 깨달았다.

처음 사역을 시작하고 4~5년쯤 되었을 때, 몇십 명이 나오던 모임에 한 명도 나오지 않은 날이 있었다. 나는 화가 많이 났다. '선생님들 십수 명이 무보수로 시간을 내어 자신들의 필요를 해결해 주기 위해 왔고 식사까지 준비했는데 어떻게 이럴 수 있단 말인가!' 허탕을 치게 된 선생님들께 미안해서 초조하게 기다렸는데 끝내 아무도 오지 않았고, 그 많은 밥은 선생님들과 먹고도 많이 남아 며칠 동안 먹어야 했다.

그런데 하나님께서는 다음날 큐티 말씀, 빌립보서 2장의 말씀을 통해 나의 죄를 위해 하늘 보좌를 버리고 천한 이 땅에 와서 생명까지 내놓으신 성육신하신 주님의 모습으로 나를 책망하셨다. "너는 그 정도로 참지 못하고 인내도 없이 분노하니?"라는 말씀으로 들렸고 정말 부끄러웠다. 그 일로 사람의 숫자보다 한 영혼에 대한 간절함과

4부 새 시대의 비즈너리 ◇ 225

기도로 사역하자고 결심했고, 한 명이라도 제자로 만들어 역파송하는 사역을 하자고 생각했다. 지금도 그 생각에는 변함이 없다. 오늘 내게 보내 주신 친구들에게 집중하는 사역자로 사는 것이 목표다.

신앙과 전문성과 삶의 영역 가르치기

지금 운영 중인 '향상이주민선교센터'는 단순히 한국어와 기술을 가르치는 곳이 아니다. 이런 배움은 복음을 전하기 위한 매개체다. 우리의 목적은, 첫째로 이주민들은 자국에서 리더거나 적어도 꿈이 있고 용기 있는 자들이기에 이들을 예배자로 세워서 자국으로 파송하는 것이다. 둘째로 국내에 있는 그리스도인들을 한국에 들어와 있는 이주민들에게 선교하는 자로 세우는 것이다. 우리는 복음에 빚진 자들로서 이주민들에게 그 복음의 빚을 갚을 수 있도록 성도들을 격려하고 동원해야 한다.

'향상이주민선교센터'는 현재 이주민들의 사회적인 문제가 되는 부분을 좀더 알리고 성도들과 함께 돕고자 한다. 이주민들에게 자주 일어나는 문제가 여럿 있다. 한국 남성과 결혼한 이주민 중에는 잘 살고 있는 이들도 있지만 부부간의 세대 차이, 문화와 종교의 차이 등으로 심각한 갈등을 겪는 이들도 많다. 그 자녀들 또한 사회에 제대로 적응하지 못하는 어려움이 있다. 솔로몬 왕이 이방 여인들을 아내로 맞이할 때 그들은 각각 자신이 섬기는 신들을 가지고 와서 산당을 만들었고, 결국은 하나님의 진노로 나라가 갈라졌다. 지금도 이주 여성들이 자신의 나라에서 섬기는 신을 들여와 자녀들에게 영향을 미치고 있다. 20~30년 후에는 심각한 문제가 될 것이다. 그러므로 지금부터라도 교회와 선교단체가 복음으로 이들을 품어 내야 한다고 만나는 그리스도인들에게 말하고 있다.

이주민 센터에서는 이주민들에게 직업 현장에서 단순히 노동해서 돈만 번다고 생각하지 말고 기술을 습득하라고 가르친다. 5년, 10년 동안 일한다면 누구보다 탁월한 숙련공이 될 것이고, 고국에 돌아가면 잘 활용할 수 있을 것이다. 실제로 10년을 근무하고 자국으로 돌아간 친구는 직원이 7명 되는 가구공장을 차려 잘 운영하고 있다고 연락이 왔다. 어느 사장님은 자기 회사에서 예수님을 믿고 기술을 배우면 직원들의 자국에 공장을 차려 주겠다고 제안하였다. 그래서 이곳에서 훈련받고 돌아간 이들이 비즈니스를 통해 현지에서 힘들고 어렵고 소외된 그리스도인들을 도울 수 있도록 기술학교 등을 운영하는 것도 효율적이기에 기도하며 준비하고 있다.

센터에서는 기업인을 동원하고 연합하여 사역하는 것도 계획하고 있다. 기업의 해외 진출을 돕고 그곳에서 함께 복음 전하는 사역을 소망하여 현재 2개 기업을 타진하고 있다. 미얀마 쿠데타로 지금은 멈춰 있지만 포기하지 않고 계속해서 기업인과 함께 사역할 수 있기를 기대하고 있다.

또 교회와 연합하여 사역하고 있다. 우리 센터는 교회 목장과 연결해서 그들이 이주민의 영혼을 품고 목장 MT도 함께 하도록 하여 이주민들의 만족도도 아주 높다. 이주민들이 한국 가정은 어떤지 궁금해하여 두 가정을 선택해서 몇 명이 1박을 했다. 이주민들도 한국 가정도 너무 좋아했다. 이주민들이 교회의 특별한 날, 성탄절, 송구영신 예배에 참여하여 교회 문화를 접해 보게 하는데, 그러면 성도들도 이들과 함께하면서 선교에 대한 마음을 갖고 기도하게 되고 현지의 필요가 있을 때 적극 참여하게 된다.

우리 센터의 목표는, 주님을 믿는 사람이나 새롭게 믿는 사람이 센터에 나오면 제자로 양육하고 역파송하여 현지에서 사역자로 또는 참된 그리스도인으로 살아가게 하는 것이다. 처음에는 도와주지만 훈련을 통해 그들 스스로 해결해 가고 자신들의 필요를 볼 수 있는 분별력을 갖고 사역할 수 있기를 기대하는 것이다. 지금은 어느 정도 현지인 스스로 할 수 있는 단계에 이르고 있어서, 자주 회의하고 의견을 교환하며 현지인 이야기를 듣고 진행하려고 노력하고 있다. 현재 4~5명이 그런 단계를 밟고 있다.

이주민 사역의 현재 상황

30년 전에는 유학생이나 큰 회사에서 필요로 한 지사원들을 제외하면 여행비자로 들어와 취업한 불법 취업자가 대다수였다. 그들은 한국인들의 도움이 절실했기에 스스로 센터에 찾아왔다. 그러나 지금은 인력 송출 회사라는 제도가 생겨서 합법적으로 일하고 있으며 세계에서 최고의 대우를 해준다. 최저임금에 4대 보험, 퇴직금 등이 보장되고 의료 서비스도 내국인과 같이 받는다. 자기들의 대화방을 만들어 활동하기도 한다.

전국적으로 이슬람 사원이 있고, 미얀마 불교도 2000년 초에 우리 모임에 자극받아서 당시 돈으로 3억 원을 모금해서 김포 쪽에 사원을 짓고 현지 유명한 승려들을 데려다가 불경을 듣는다고 한다. 힌두

교도 사원을 만들고 신상을 집에 모시기도 한다.

또한 이주민들도 이전보다 재정이 여유로워졌기 때문인지 이제는 좋은 옷, 좋은 신발에 식사도 잘한다. 물론 철저하게 절약하는 친구들도 있지만 휴대폰을 두 개씩 가지고 다니는 친구들도 많다. 현지와 국내의 임금 차가 크다. 국내에서 연장 근무 등을 하면 대략 270~350만 원을 받지만, 동남아 현지에서 노동자들은 12~20만 원을 받고, 대학을 졸업하면 25만 원 내외를 받는다. 국내에서 한 달 일하면 현지에서 1~2년 동안 일한 만큼의 돈을 벌지만, 현지에서는 일이 있어야 벌 수 있다. 그러니 이들은 현지에 비하면 수입이 대단하고 부족한 것도 없으니, 아마도 현지로 따지면 상위 10% 안에 들어가지 않을까 생각한다.

30년 전과 지금은 모든 영역에서 차이가 있다. 따라서 사역도 옛날처럼 해서는 안 되고 달라져야 하기에 다방면으로 지혜가 필요하다. 그들이 해결하지 못하는 것을 해결해 주고, 고국을 떠나 외로운 이들에게 가족이 되어 주고 친구가 되어 주는 진정성 있는 사랑이 제일 큰 무기라고 생각한다.

- 이평안(선교사)

3장

선교하는 나라를 꿈꾸다

선교하는 나라를 꿈꾸게 한 선교사님

A국이 선교하는 나라가 되게 해달라고 기도하며 비전을 품게 된 것은 바로 H선교사님과의 만남 때문입니다. A국의 서쪽 끝 도시에 있던 선교사님의 집에서 선교사님을 처음 만났습니다. 선교사님 댁에서 1박 2일을 묵으며 60년 사역의 간증을 들었는데 얼마나 은혜로웠는지 모릅니다.

선교사님은 1940년대에 선교 사역을 위해 떠나 걸어서 혹은 낙타를 타고 사역을 하였다고 합니다. 지금처럼 ATM기가 있는 것도 아니므로, 떠날 때 받은 재정과 밀가루가 다 떨어지고는 옷을 꿰매고 도장 파는 일을 하면서 선교를 했습니다. 그러면서도 '이 땅에서 100만 명의 선교사가 일어나게 하소서!'라고 기도하셨습니다. 이제 노구의 몸이지만 그 목소리에는 여전히 확신과 열정이 가득하였습니다.

H선교사님을 만나고 나서, 내가 선교하러 가려는 나라가 이미 세계 선교를 품고 있는 나라요, 귀한 선배들이 있다는 것을 알게 되었습니다. 이 땅의 교회는 한국교회와는 다르게 작은 선교지 교회의 모습이고, 사역자들도 일하면서 사역하는 전문인 사역자들이었습니다. 집에서 예배를 드리는 교회가 많고 사역자들 대부분이 직업을 가지고 있는 것에도 뜻이 있음을 깨달았습니다. 그때부터 이 나라는 마지막 때에 정식 선교사가 들어갈 수 없는 땅에서 선교사들이 직업과 전문성을 가지고 선교할 나라라는 것을 보게 되었습니다. 하나님은 분명히 이 나라의 교회를 일으키시고 마지막 때에 쓰실 것입니다.

H선교사님은 이미 천국에 가셨지만 그의 비전과 사명을 가진 이들이 일어나고 있음에 감사할 뿐입니다.

연합의 마음을 주시다

X시에 갔을 때 주님께서 주신 말씀은 '너는 선생이 아니라 아비가 되라'(고전 4:15), '너는 본이 되라'였습니다. 이 땅의 형제자매들이 열방을 바라보고 달려갈 수 있도록 구체적인 비즈니스 선교의 모델을 시작해 보라고 하셨습니다.

우리는 그동안 우리가 실제로 할 수 있는 사역의 모델을 위해 달려왔습니다. 그러나 대부분의 선교사가 추방되고 비자를 거부당하는 상황에서, 하나님은 우리 스스로 비즈니스 선교 모델을 준비할 것이 아니라, 이 땅의 교회와 연합하여 선교사를 훈련하고 보내는 사역에 집중하라는 마음을 주셨습니다. 우리가 간절히 바라고 기도한 것은, 이 땅의 교회와 성도들이 함께 선교의 비전을 품고 연합하는 선교 공동체가 일어나는 것이었습니다.

하나님께서 이런 마음을 주셨지만 아브라함과 같이 갈 바를 알지 못하고 출발해야 했습니다. 우리는 하나님의 깊은 간섭과 도우심과 인도하심을 구하며 나아갔습니다. 하나님께서는 사역을 진행하기 전에 우리에게 사역의 의의와 목적과 방향을 보게 하시며 기도하게 하셨습니다. 우리에게 주신 사역의 방향은 이것이었습니다.

● 사명 선언서

- 우리는 "이 천국 복음이 모든 민족에게 증언되기 위하여 온 세상에 전파되리니 그제야 끝이 오리라"(마 24:14)라는 말씀에 순종하여 실크로드 선상의 나라와 족속에게 복음을 전하는 사역에 헌신한다.
- 우리는 비즈너리(Businary, 비즈니스라는 삶의 현장에서 선교사적인 삶을 사는 이)로서 삶의 모델을 제시하고 지역사회와 교회와 단체와 개인에게 선한 영향력을 끼친다.
- 우리는 현지 교회, 선교단체와 연합을 이루고 현지 중심으로 사역한다.
- 우리는 현지 선교 공동체가 선교사를 훈련, 파송하는 사역을 섬긴다.
- 우리는 사역의 재정을 현지 공동체가 스스로 준비하게 한다.

선교의 불씨를 품고 있던 씨에 자매

두 가정이 함께 기도로 준비하고 있었습니다. 어느 날, 전에 우리가 진행했던 선교 콘퍼런스를 통해 P국 선교 정탐을 갔던 씨에 자매가, 자기가 일하는 어학원에서 커피 교육을 하면 어떻겠냐고 제안했습니다. 우리는 하나님의 인도하심에 감사하며 자매의 이야기를 들어 보았습니다. 자매는 P국을 다녀오고 어학원에서 일하면서 이미 수년 전부터 선교적인 마음을 가지고 선교지를 섬겨 오고 있었습니다. 하나님께서 선교 콘퍼런스의 열매가 있음을 보게 하시니 우리에게 큰 기쁨과 위로가 되었습니다. 우리는 기쁜 마음으로 커피 교육 장소를 준비했습니다.

그런데 막 시작하려고 할 때 코로나 팬데믹이 시작되었습니다. 코로나로 학원에 와야 할 외국 학생이 올 수 없으니, 학원은 문을 닫고 작은 곳으로 옮겨야 하는 상황이었습니다. 그렇게 시작한 지 두 달 만에 교육 장소를 정리해야 했습니다. 아쉬움이 매우 컸는데 하나님의 인도는 그때부터 시작되었습니다.

새로운 곳에서 동역자를 만나다

우리가 교육 공간을 접어야 했을 때 NGO 단체의 책임을 맡고 있던 티엔 자매가 한 카페를 소개해 주었습니다. 겉보기에는 매우 넓고 멋진 공간이었으나, 카페 주인은 커피를 잘 알지 못하고 경영할 전문성과 여력이 없었습니다. 우리에게 장소를 제공할 테니 카페 경영만 맡아 주면 좋겠다고 하였습니다. 투자금 없이 우리 설비만 가지고 가면 되었습니다. 6개월만 함께 해보자고 결정하고, 새로운 공간에서 설비를 준비하고 매장을 운영하며 커피 교육을 시작하였습니다.

그곳에서 보낸 짧은 6개월의 시간에 하나님께서는 새로운 동역자를 준비해 주셨습니다. 그곳에서 회사를 운영하던 어떤 사장이 우리가 기독교인인 것을 알고 이야기를 나누는 중에 예수님을 믿고 현지 교회에서 세례를 받은 것입니다.

사장인 Y 형제는 이미 17년 전에 예수님을 믿었지만 교회에 가지 않았고 복음을 잊고 살고 있었습니다. 사업하며 외부 일로 바쁘게 지내는 동안 부부간에도 가정에도 문제가 많았습니다. 늘 언제 이혼할까 고민하며 생활하고 있었습니다. 기도하며 Y 형제 부부를 만나 권면하고 격려하였고, 이들이 그리스도 안에서 회복되기를 간구하였습니다. 하나님께서 은혜를 내려 주셔서 형제는 세례를 받았고, 부부 사이의 관계도 많이 회복되어 감사한 날들을 보내고 있습니다. 종종 우리에게 감사의 말을 전하곤 합니다.

그렇게 하나님께서 Y 형제를 만나게 하시고, 그와 함께 비즈너리 사역을 시작하게 하셨습니다. 형제의 비즈니스적인 재능으로 훨씬 많은 일들이 시작되는 것을 보며 현지에서 현지인들이 일하는 것이 얼마나 필요하고 효과적인지 알게 되었습니다.

Y 형제와 커피 교육 및 사업을 동역하며 다양한 부류의 현지인들과 직접적으로 만나는 기회를 얻었습니다. 긴밀한 관계 형성을 통해 자연스럽게 복음을 전하고, 여러 가정교회의 그리스도인들과 리더들을 만날 수 있었습니다. 바리스타 교육을 통해 교제하며 비즈너리의 가치관과 정신을 직접적으로 나누고 전하는 귀한 은혜에 오직 감사

할 뿐이었습니다. Y 형제는 현재까지 커피 사업 브랜드 전개와 매장 오픈 등의 전반적인 투자와 운영을 담당하여 수익을 얻으며 사업을 진행하고 있고, 우리는 커피 로스팅과 공급, 커피 교육을 통한 수익으로 비즈너리 사역을 진행하고 있습니다.

"우리가 선을 행하되 낙심하지 말지니 포기하지 아니하면 때가 이르매 거두리라"(갈 6:9).

비즈니스에서 놀라운 재능을 보이는 Y 형제이지만, 신앙에서는 내면적 변화가 더디어 때로 실망하기도 하고 답답하기도 합니다. 그러나 하나님께서는 그에게 다양하고 넓은 인맥과 좋은 사교성, 긍정적인 마인드 등의 귀한 은사와 달란트를 주셨으니, 그의 마음과 생각을 다듬어 천국 복음을 열방에 전하는 비즈너리 사역에 깊이 동참하는 믿음의 동역자로 성장시켜 주실 것을 믿고 바라며, 지금도 신앙

훈련을 이어 가고 있습니다.

커피 교육으로 새 삶을 사는 R 형제

R 형제는 농아로 태어나 아기 때 부모에게서 버려졌고, 여러 고아원을 전전하다 AGP라는 NGO 기관에서 자랐습니다. 불우한 환경으로 글을 읽고 쓰는 것을 배우지 못했고 수화도 서툴렀습니다. 의사소통이 어려워 바리스타 교육을 하는 데에도 어려움이 많았지만, 몸과 마음으로 소통하며 2년 넘게 가르쳤습니다. 현재는 커피 매장에서 커피를 내리고 다른 직원들보다 라테 아트도 잘합니다. 아직 매장 보조요원이지만 바리스타로 일하며 계속 커피를 배우고 있고, 정상적인 사회적 활동을 할 수 있도록 지도하고 있습니다.

R 형제는 커피 바리스타 자격증을 가지고 최근까지 커피 매장에서 실습 과정을 거치며 바리스타로 기능적인 면에서 많이 성장했습니다. 함께하는 동안 도전과 많은 격려를 통해 성취감을 얻고 일반 사회에서의 자신의 존재감과 자존감을 얻었습니다. 현재는 AGP에서 진행하는 새로운 프로젝트 사업에 투입되어 바리스타로서 그 역할을 지속적으로 잘 담당하고 있고, 장애인 공동체 안에서 좋은 성공적 모델로 인정받고 있습니다. 지금도 그와 교제하며 성장할 수 있도록 지도하고 있습니다. R 형제 역시 머지않은 시기에 무언(無言) 카페를 열고 싶다는 꿈을 가지고 현재도 열심히 배우고 있습니다.

앞으로 NGO 기관과 더 긴밀히 연합하여 R 형제 같은 장애우들이 더 많이 훈련받고 건강한 사회인으로 세워지기를 기대합니다.

가정교회협의회, S 선교단체와의 연합 사역

가정교회협의회와 S 선교단체는 대학생과 청년들을 대상으로 하여 비교적 전통적인 방식으로 대학 캠퍼스에서 복음을 전하며 사역을 해왔습니다. 그러나 경제·정치적 상황과 정부의 핍박 등 환경이 변하면서 사역이 정체되어 있었습니다.

우리는 두 기관의 리더들에게 비즈너리 사역의 비전과 방향을 제시하고 커피 바리스타 교육을 하였습니다. 2021년 9월 연합 사역으로 대학 캠퍼스 근처 상가에 커피 매장을 오픈하여 현재(2024년 4월)까지 운영하고 있습니다. 그러나 캠퍼스 인근 상가의 특성상 여름방학과 겨울방학 기간에는 학생들 대부분이 고향으로 돌아가기 때문에 실질적으로 영업이익을 낼 수 있는 시기가 짧습니다. 매장 인테리어 비용으로 18만 위안(약 3,400만 원)을 투자했는데 가정교회협의회와 S 선교단체가 7:3 정도로 출자했고, 사업이 진행되는 동안의 모든 비용과 영업이익 또한 같은 비율로 정하여 사업 운영을 진행하고 있습니다.

2021~2022년 코로나19 유행과 이어진 불경기로 현재까지 수익을 내는 데 어려움이 많은 상황입니다. 그럼에도 현재까지 따로 외부 직원을 채용하지 않고 바리스타로 훈련된 두 기관의 사역자들(6명)이 돌아가면서 매장 관리와 가정교회 사역을 병행함으로 인건비를 줄여 긴축 재정 운영으로 매장이 유지되고 있습니다. 매주 이들을 만나 커피 바리스타로서 역량을 더해 갈 수 있도록 지도하고 있으며, 어려운 상황 가운데서도 비즈너리로서의 실제적·총체적 삶에 대한 나눔과 훈련을 이어 가고 있습니다.

표면적으로만 카페가 아니라 전문 바리스타를 세우고 전문적인 경영을 하면서, 영어와 문화 교류, 다양한 강연, 집회, 소그룹 성경 공부 등으로 전보다 더 자연스럽게 기독교 가치관과 세계관을 알리고 복음을 나누는 귀한 장소로 사용하고 있습니다. 또 리더들과 정기적으로 교제하며 비즈너리의 삶에 대한 가치관을 가르치며 커피 매장 운영을 돕고 있습니다.

이제 우리가 주체가 아니라 현지 교회와 단체가 주체가 되어 연합하여 사역합니다. 얼마나 감사한 일인지 모릅니다. 커피 비즈니스를 통한 연합 사역의 이 모델이 더 많이 일어나 땅끝까지 복음을 전하는 놀라운 사역이 이어지길 소망합니다.

RY교회

RY교회는 기존의 가정교회와는 달리, 열린 사역이라는 철학으로 200명 정도의 많은 젊은이가 모이는 가정교회입니다. 사무용 건물 1층 전체를 임대하여 각 공간을 도서관, 탁아소, 음악 녹음실, 커피 매장 등으로 꾸며, 외형적으로는 문화 교류 센터이지만 실제로는 교회의 모임 장소로 사용하고 있었습니다. 그러나 이런 포장된 외형들이 공안이나 정부에 쉽게 발견되고 간섭이 깊어지며 어려움에 처하였습니다.

하나님께서 우리를 이들과 만나게 하셨습니다. 교회 리더들에게 커피 바리스타 교육을 하며 비즈너리 가치관을 나누었고, 교회 공간은 실제적인 커피 사업장으로 인테리어를 새롭게 하고 사업자 등록을 마치고 실제 전문 커피 사업을 진행하고 있습니다. 주일에는 예배

장소로, 평일에는 작은 공간에서 소그룹 모임과 성경 공부 등을 조심스럽지만 자유롭게 진행하며 사역하고 있습니다.

이 가정교회 장소 안에는 성경책이나 복음 전도지 같은 유인물을 두지 않는다는 원칙을 세우고 주변의 주민들과 커피 손님들이 자유롭게 드나들 수 있도록 하였습니다. 어려운 이 시대에 이 지역과 나라에 좋은 교회의 모델로 세워져 실크로드의 각 지역에 교회가 개척되고 복음의 통로로 사용되기를 소망하며 RY교회와 함께 기도하고 있습니다.

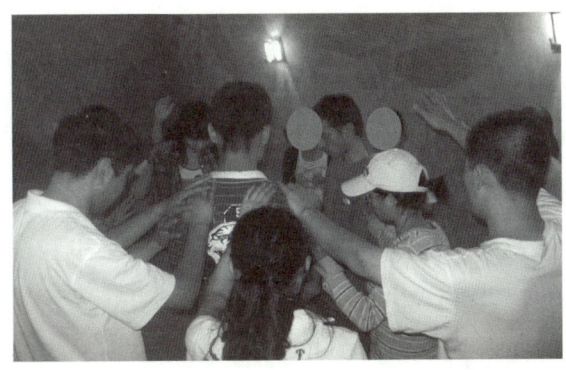

C 학생선교단체

이 단체는 서양 선교사와 한국 선교사들의 오랜 사역으로 각 지역에 현지인 리더들이 세워졌습니다. 그러다 정부의 정책과 핍박으로 외국인 사역자들은 모두 철수하였고, 현재 현지인 리더들이 자립적으로 조직을 세우고 운영하고 있습니다. 그리고 이제 자립해야 한다는 어려움에 직면하였습니다.

 이 단체의 X 지역 선교부 디렉터인 W 형제 가정과 오랫동안 좋은 관계를 맺어 왔고, 근래 들어 이 단체에 소속된 현지인 사역자들을 만나면서, 비즈너리 사역을 나누며 함께 선교 사역을 하고 있습니다. WJ 자매, DG 자매 가정, D 형제 등 지체들은 오랫동안 이슬람 지역에 선교사로 가기 위해 준비하였고 조만간 선교지로 파송될 예정입니다. 이들이 이슬람 선교지에서 장기적으로 선교 사역을 잘 이루어 가도록 직업적 전문성과 선교 훈련을 진행하고 있습니다.

 주님께서 보내신 그 땅에서 우리는 선교를 하기 전에 오히려 그 땅의 믿음의 선배들을 통해 선교를 배우고 선교 공동체의 비전을 품었습니다. 하나님이 그렇게 하셨습니다. 그 길에 너무나 많은 믿음의 형제들이 있었습니다. 이 글에서 이야기하지 못한 많은 형제자매를 통해 하나님께서는 하나님의 약속을 이루어 가고 계십니다. 우리가 그 땅에서 사역을 얼마나 할지는 알 수 없지만 분명히 믿는 것은 하나님께서 이루신다는 것입니다.

> "너희 안에서 착한 일을 시작하신 이가 그리스도 예수의 날까지 이루실 줄을 우리는 확신하노라"(빌 1:6).

- 고요한(선교사)

4장

'하나님의 선교' 관점에서 본 비즈니스 선교

    21세기 선교 패러다임 전환에 있어서 핵심적인 주제 중 하나는 삼위일체 하나님의 선교에 대한 관점의 변화다. 이 패러다임 전환은 70년 넘게 토론되고 있는 주제이지만 한국교회에서 이 개념이 진지하게 다뤄진 것은 비교적 최근의 일이다. 이 관점의 변화는 열방네트웍이 지향하는 비즈니스를 중심으로 한 선교 전략의 중요한 선교신학적 토대가 되므로 이를 살펴보는 것은 의미가 있다.

    다음 몇 가지 질문을 통하여 이 주제를 다루어 볼까 한다. 먼저, 왜 하나님의 선교가 20세기 후반과 21세기 선교를 이해하는 데 중요한 개념인지에 대하여 역사적 토론 과정을 정리하고자 한다. 다음은 이 개념이 21세기 복음주의 선교운동의 새로운 이정표가 된다는 것이 어떤 의미를 가지는지 살펴볼 것이다. 마지막으로 이 개념이 열방네트웍의 미래와 어떻게 연결되는가를 간단하게 전망하려 한다.

왜 하나님의 선교인가?

먼저 논의에 들어가기 전에 '하나님의 선교'와 관련하여 나의 개인적인 경험을 나누고, 그 후에 하나님의 선교가 사역 현장에서 어떤 의미인지를 살펴보고자 한다.

나는 미전도 종족 중 하나로 돌파가 어렵다고 알려진 태국 내 말레이계 무슬림 종족 가운데서 사역했다. 이들은 불교가 지배하는 태국 내에서 수백 년 동안 이슬람의 정체성을 유지해 왔고, 남부 무슬림 다수 지역에서는 지금까지도 무장 독립 투쟁이 계속되고 있다. 복음에 대한 적대감도 높아 기독교인이 거의 존재하지 않는 미전도 종족이었다. 우리 가족은 언어 공부를 마치고 무슬림 마을에 살면서 이들에게 복음을 전할 기회를 모색했으나 뚫고 들어갈 기회가 좀처럼 주어지지 않았다. 마치 혼자의 힘으로 거대한 바위를 움직여야 하는 것과 같은 불가능한 과업처럼 보였다. 지속적인 스트레스 속에서 우울증을 겪었고 몸도 이곳저곳 아파 왔다.

그러던 어느 날 화장실에서 세면하다가 거울에 비친 얼굴을 보았다. 피곤에 찌든 초췌한 얼굴이 나를 바라보고 있었다. 그때 이런 생각이 들었다. '이 얼굴로 평강의 복음을 외친다면 나라도 믿지 않겠다!' 나의 선교에 뭔가 중대한 문제가 있음을 느꼈다. 그때 예리한 음성이 가슴 저 깊은 곳에서 울렸다.

"선교가 네 일이냐?"

"아뇨, 하나님의 일입니다. 저는 주님의 부르심에 순종하는 종일 뿐이지요."

"그런데 네 얼굴이 왜 그 모양이냐?"

되묻는 목소리에, 그 순간 깨달았다. 나는 입술로는 하나님의 선교를 외쳤지만, 하나님께서 무슬림들 안에서 무슨 일을 하고 계시는지 살펴본 적이 없었다. 내가 직접 뭔가를 이뤄 보겠다는 조급한 마음으로 스스로를 몰아붙이고만 있었다. 선교의 주인은 하나님이시다. 그런데 무슬림을 복음으로 인도하는 일을 왜 내가 해야 한다고 생각하고 나를 밀어붙인 것일까? 선교가 하나님의 일이라고 말은 했지만 실제로는 내 일로 여겼던 것이다.

이 깨달음에 이른 후 나는 비로소 나 자신을 몰아가던 조바심을 내려놓을 수 있었다. 일을 서두르기보다는 하나님이 하시는 일을 관찰하고 주님 뒤를 따라 그분이 하시는 일에 참여하는 법을 새로 배우기 시작했다. 한 영혼의 변화까지도 '나'의 힘으로 할 수 있는 것은 아무것도 없다. 선교는 철저하게 하나님의 일이다. 이 경험을 통해 나는 비로소 하나님의 선교가 무엇인지 배울 수 있었다. 선교는 하나님이 하시는 일이며 나의 역할은 하나님이 행하시는 일을 거드는 것이라고 생각을 굳히자 사역의 기쁨이 회복되었다. 덤으로 사역의 열매도 더 풍성해졌다.

나의 개인적 깨달음처럼, 기독교 선교 역사 속에서도 선교가 하나님의 선교임을 깨닫는 일들이 일어났다. 그렇다면 선교학적으로 '하나님의 선교' 개념은 어떤 배경에서 시작되었고, 이 관점이 왜 20세기 내내 뜨거운 쟁점이 되었는가? 한편 복음주의 선교 진영은 이 개념을 '환영-의심-거부-수용'의 과정을 거치며 뒤늦게 받아들였는데, 왜 이 개념을 거부했고 왜 다시 받아들이게 되었는가?

'하나님의 선교' 개념을 이해하려면 먼저 교회 중심적 선교 이해, 곧 교회 세우는 것을 선교의 최종적 지향점으로 여기는 관점에 대해 알아야 한다. 근대 서구의 기독교인들은 기독교가 지배하는 자신들의 사회(크리스텐덤)가 가장 이상적인 사회라고 자부하였다. 따라서 기독교 문화에 기반한 서구 가치관을 전 세계에 퍼뜨리는 것을 자신들의 운명적 책무로 확신하고 있었다. 이 '거룩한' 부담은 이후 서구 교회 중심으로 진행된 근대 선교운동의 주요 원동력이 되었다.

이 관점에 기초한 근대 선교운동은 복음 증거와 교회 개척을 통해 서구 기독교와 문화를 전 세계에 확장하는 형태로 전개되었다. 당시 서구 선교사들은 복음이 온 세상을 위한 것임을 확신했고(윌리엄 캐리의 소논문과 그에 의한 지상명령 회복이 큰 역할을 했다), 전 세계 모든 곳에 주님의 복음을 퍼뜨리는 것이 세상을 구원하는 핵심이라고 믿었다. 이 믿음은 복음 증거를 통해 선교지의 사람들을 기독교로 개종시키고 이들을 중심으로 교회를 세우고 개척하는 형태로 구현되었다. 이는 전 세계 모든 곳에 교회를 세우기만 한다면 서구 사회와 같은 이상적 사회로 나아갈 수 있을 것이라는 믿음에 기초해 있었다.

그런데 서구 교회의 이 오만한 확신은 시간이 흐르면서 여러 도전에 직면하였다. 가장 먼저, 자신들이 이해하고 있는 기독교가 가장 이상적 사회로 이끌 것이며 이는 전 세계 모든 곳에 적용되는 보편적인 복음 이해라는 서구인들의 확신에 의문이 제기되었다. 타 문화 선교를 진행하면서, 그들이 이해하는 성경과 복음 그리고 기독교적 정체성이 문화와 역사적 전통이 다른 선교지 상황에서 그대로 작동되지 않음을 발견한 것이다. 그들의 성경 이해나 신학이 모든 문화에 적용 가능한 보편적인 복음 이해가 아니며 단지 여러 이해 중 하나의 관점이라는 것이 드러났다.

예를 들어 보자. 서구 선교사들은 선교지 교회에서 이혼은 중대한 죄이며 혼전 순결은 반드시 지켜야 하는 기준이라고 가르쳤다. 그런데 정작 자신들의 고국 교회들은 이 영역의 도덕적 타락에 대해 아무런 역할을 하지 못했으며 오히려 성(性)의 해방이라는 세속적 물결에 휩쓸렸다. 선교사들은 본국에서도 지켜지지 못한 기준을 선교지 교회들에게 강요하고 있었던 것이다. 이 가르침이 문제가 있다는 말이 아니다. 자신도 지켜 내지 못한 기준을 선교지에 강요했던 선교사들의 이중성에 대해 지적하려는 것이다.

서구에 있는 학교로 유학을 온 비서구 교회 출신 기독교인과 교회 지도자들은 선교사들에게 배운 서구의 기독교적 가치관이 정작 서구 사회에서는 제대로 작동되지 못하는 것을 발견하고 실망했다. 이런 실망들이 쌓이면서, 아시아와 아프리카 교회들은 선교사에게 서구적 기독교 정체성을 문화적 토양이 다른 선교지 상황에 강요하지 말라고 요구하였다. 19세기 중엽부터 진행된 아프리카 독립 교회(AIC, African Independent Churches) 운동은 그 대표적 사례라 할 수 있다.

이런 와중에 또 다른 사건이 발생했다. 서구 교회(기독교)를 이상화하고 이를 본받는 형태로서의 기독교 선교운동에 가장 큰 충격을 준 제1·2차 세계 대전이다. 이 전쟁에는 식민지 군대도 동원되었는데 그 중에는 선교사로부터 복음을 받은 그리스도인도 다수 포함되어 있었다. 이들은 양측 모두가 기독교의 지배 아래 있는 기독교 국가였음에도 그토록 잔인하게 전쟁을 벌이는 모습을 보며 질문했다. 과연 이 유럽 국가들이 선교사가 말한 가장 이상적인 기독교 사회가 맞는가? 기독교가 사회 전반을 이끌고 교회만 세워지면 자동적으로 하나님 나라가 이뤄진다는 믿음이 과연 옳은가? 특히 종교개혁의 발상지였고 개신교의 중심이라 할 수 있는 독일에서 개신교회들의 지지하에 수백만의 유대인을 학살한 홀로코스트가 진행되었다는 사실은 커다란 충격이었다. 과연 교회들만 세워지면 자동적으로 선교적 사명이 완수되는 것인가? 그런데 비서구 교회 지도자들만 이 질문을 한 것이 아니었다. 다수의 의식 있는 서구 학자들도 이 질문 앞에서 씨름해야 했다.

그 결과가 바로 제2차 세계대전 직후인 1950년대 초에 대두된 '하나님의 선교' 개념이다. 이 개념을 주장한 개척자 중 하나인 호켄다이크(Johannes Hoekendijk)는 그의 논문 「선교적 사고에 있어서의 교회」(The Church in Missionary Thinking)를 통해 이 부분을 예리하게 지적했다. 그의 주장을 요약하면 다음과 같다.

"지난 여러 세기 동안 기독교 선교운동은 전 세계에 자립하는 토착 교회만 세우면 자동적으로 세상 가운데 하나님의 나라가 성취될 것이라는 믿음 위에서 선교 사역을 진행해 왔다. 이를 교회주의(churchism)라 불러도 좋을 것이다. 그러나 역사적 현실은 그것이 옳지 않음을 증명한다. 이제 바른 선교를 위해 우리는 새로운 관점을 세울 필요가 있다. 세상 즉 '오이쿠메네'(οικουμενη)를 향한 선교이다. 교회만 세우면 세상이 바뀔 것이란 관점을 내려놓고 세상의 변화가 선교의 궁극적 지향점임을 바라봐야 한다. 이를 위해서 우리는 교회 중심이 아니라 피조 세계 전반의 회복을 향해 일하고 계시는 하나님의 관점에서 선교를 이해해야 한다."

호켄다이크의 이 주장은 당시 큰 반향을 일으켰다. 이전의 선교관에 문제점이 있다고 느끼던 많은 서구의 학자, 비서구 교회 지도자들이 이 관점에 동의를 표했고, 이 관점을 발전시키기 위한 다양한 논의가 진행되었다.

하나님의 선교와 두 진영의 분리

그런데 '하나님의 선교' 중심의 선교 이해는 복음주의 선교사의 입장에서는 불편한 문제를 발생시켰다. 피조 세계와 인류 사회 전반의 변혁을 강조하는 하나님의 선교 패러다임에서는 상대적으로 선교사들의 복음 증거 그리고 그 복음에 대한 반응으로서의 개인적 회심, 교회 개척 등이 간과된 것이다. 복음주의 선교 지도자들에게 더욱 예민한 반응을 촉발한 것은 선교단체의 역할에 대한 무시와 그로 인한 미전도 지역 선교를 외면한 것이었다. 피조 세계 전체의 변화가 선교의 궁극적 지향점이고 그 일은 하나님이 교회를 통해 행하는 것이라는 주장에는 동의하지만, 복음 증거와 교회 개척을 선도하며 근대 선교운동을 이끌던 선교단체들의 역할을 배제하는 것은 용납할 수 없었다.

시간이 지나면서 세계 선교 운동은 세상의 변혁을 강조하는 에큐메니컬 진영과 복음 전도 및 교회 개척을 중시하는 복음주의 진영으로 분리되었고, 이 두 진영 간의 골은 더 깊어져 갔다.

선교단체의 역할을 약화시킨 대표적 사건은, 1961년 선교단체 중심의 협의회였던 '국제선교협의회'(IMC)가 교회 중심 협의회인 '세계교회협의회'(WCC)로 흡수되면서 해체된 일이다. 이는 선교단체 중심의 선교운동을 중시하는 복음주의 선교 진영의 예민한 반발로 이어질 수밖에 없었다. 세계 선교 운동에서 선교단체를 배제하는 것은, 교회가 없는 미전도 지역에 대한 선교가 소홀해지는 것으로 연결된다. 복음에 적대적이거나 여러 장벽으로 접근이 어려운 미전도 지역을 평범한 그리스도인들이 돌파해 내는 것은 불가능하기 때문이다. 이를 위해서는 교회의 후원을 받고 전문 선교단체의 파송을 받은 전임 선교사가 필요하다. 그렇지 않으면 대부분의 미전도 지역은 복음의 사각지대로 방치될 수밖에 없다. 선교단체가 부정되는 상황은, 자원주의 선교단체 설립을 통해 근대 선교운동을 일으킨 1792년 윌리엄 캐리 이전으로 돌아가는 것과 같다. 아직 복음을 듣지 못한 전 세계 많은 지역에 대해 교회가 책임을 포기하는 것과 마찬가지이다.

이런 이유로 복음주의 진영의 선교 지도자들은 다시 윌리엄 캐리의 정신을 회복할 필요가 있다고 느꼈다. 이러한 상황에 대한 복음주의 진영의 불편한 심경을 대변하는 대표적인 글이 바로 1968년 세계교회협의회(WCC) 웁살라 회의 이후 이 회의에 문제를 제기하면서 쓴 맥가브란의 논문이다. 맥가브란은 웁살라 WCC 대회(1968)를 평가하면서 "웁살라는 20억을 버릴 것인가?"(Will Uppsala Betray the Two Billion?)라는 글을 썼는데, 그는 이 글에서 세계교회협의회가 복음을 들을 기회가 없는 미전도 종족에 대한 관심을 포기했으며 이들에게 복음을 전하기 위해 반드시 필요한 선교단체의 중요성을 간과했다고 비판했다.

하나님의 선교에 대한 강조가 선교단체의 역할 거부와 아직도 복음을 듣지 못했고 교회가 존재하지 않는 지역에 대한 무관심으로 이어지면서, '하나님의 선교'(Missio Dei)는 복음주의 진영에서 용납될 수 없는 개념이 되었다. 복음주의 진영은 다시 교회가 없는 지역, 미전도 종족 안에 교회 세우는 운동을 강조하였고, 이를 감당할 주체로서 전문 선교단체 중심의 선교운동 지속을 주장하였다. 그 결과가 바로 1974년 로잔세계복음화대회이다. 이 대회에서 미전도 종족 선교운동이 출범하였고, 전문 선교단체들은 복음주의 선교운동의 주축으로서 자신의 자리를 되찾았으며, 교회 개척 중심의 선교운동도 회복되었다.

한편 '하나님의 선교'는 복음주의 선교운동이 용납할 수 없는 금기어가 되어 복음주의 선교운동에서 멀어졌다.

다시 하나님의 선교, 왜?

그런데 미전도 종족 선교 전략을 중심으로 한 복음주의 선교운동은 시간이 지나면서 다시 다음 몇 가지 비판적 평가에 직면하였다. 먼저는 1950년대 호켄다이크가 '하나님의 선교'를 주장했던 것과 유사한 문제였다. 미전도 종족 선교운동에 의해 많은 교회가 세워졌지만 그 사회는 여전히 변하지 않는 문제에 직면하였고, 결국 교회 중심적 선교 이해에 대한 반성이 제기될 수밖에 없었다.

20세기 말 이 질문이 다시 제기된 대표적인 사건이 아프리카 르완다에서 발생했다. 1994년 4월 6일, 후투족 출신 르완다 대통령 하브자리마나(Juvénal Habyarimana)를 태운 전용기가 공격을 받아 추락했는데, 이를 계기로 극단주의적인 일부 후투족이 투치족을 학살하기 시작하면서 인종 대학살 사태가 벌어졌다. 인류 역사상 가장 짧은 기간 동안 가장 많은 사람이 죽은 사건으로 3개월 만에 100만 명에 이르는 사람이 목숨을 잃었다. 이 사건을 보도한 〈시카고 트리뷴〉지는 당시 상황의 참혹함을 다음과 같이 묘사했다.

"후투족은 큰 칼을 차고 이웃과 동료를 살해했다. 신부는 교회로 숨어든 도주자들을 처단했고, 교사는 학생을 살해했다. 수천 명에 달하는 여성이 강간당했으며, 아이들은 화형을 당하거나 수장당했다."

이 사태는 선교학적으로도 심각한 질문을 제기했다. 당시 르완다는 전 인구의 95%가 기독교인이었기 때문이다. 근대 선교운동의 관점에서 보면 르완다는 가장 성공한 선교 현장이었다. 전체 사회가 기독교화되었고, 사회 구성원 대부분이 기독교인이었다. 그런데 어떻게 그토록 잔인한 사태가 벌어질 수 있단 말인가? 한 사회 구성원의 전부를 기독교화하는 것을 곧 하나님 나라 성취라 할 수 있는가? 이런 모습이 과연 하나님이 원하시는 선교의 목적인가? 이는 실로 교회가 세워지고 모든 사람이 기독교인이 되면 자동적으로 하나님의 나라가 성취될 것이란 관점의 한계를 보여 준 사례였다. 일련의 사건들 속에서 복음주의 선교학자들은 '삼위일체 하나님의 선교'를 재고하기 시작했다.

한편 서구 교회의 붕괴 상황에 대한 고민도 교회 중심의 관점에 대한 비판적 성찰을 자극했다. 20세기 중후반은 교회 성장 운동이 크게 유행하던 시대였다. '교회성장학'이란 이름으로 교회를 성장시키기 위한 다양한 전략들이 개발, 시도되었다. 그 결과 일시적이긴 하지만 교회 성장이 이뤄지기도 했다. 그러나 20세기 말에 들어서면서 교회 성장 운동의 효과는 사라졌으며, 결국 서구 교회, 특히 유럽 교회들의 붕괴를 막지 못했다.

이처럼 교회 중심적 사고는 한계를 드러냈다. 이 상황에서 대안으로서 제시된 것이 '다시' 하나님의 선교였다. 교회의 존재 목적은 하나님의 선교 참여에 있다는 새로운 교회론이 제기된 것이다.

선교적 교회 운동을 이끄는 지도자 중 한 사람인 알렌 락스버러(Alan Roxburgh)는 그의 책 《교회 너머의 교회》(IVP, 2018)에서 교회 성장 운동을 통해 기독교의 영향력이 유지될 수 있을 것이라 믿었던 북미주 기독교 상황에 대해 전혀 다른 평가를 내린다. 그는 이렇게 말한다. "이제 우리는 '어떻게 하면 교회를 고치거나 다시 효력을 발휘하게 만들 수 있을까'라는 물음을 내려놓고 돌아서서, '하나님이 우리 이웃과 지역사회에서 우리보다 앞서 행하시는 일이 무엇이며, 어떻게 그 하나님의 일에 참여할 것인가'라는 다른 물음을 끌어안아야 한다." 그는 '교회'에 대한 물음에서 '하나님'(의 선교)에 대한 물음으로 전환되어야 한다고 주장한다. 나아가 서구에서 유럽 교회뿐 아니라 북미주 교회들 역시 와해의 위기 앞에 있으며, '하나님의 선교' 관점의 회복만이 그 해결책이라고 말한다.

이런 고민들 속에서 결국 복음주의 선교 진영도 하나님의 선교 개념을 다시 수용하는 방향으로 돌아섰다. 이 과정에서 선교사 출신 선교학자인 레슬리 뉴비긴의 영향이 컸다. 그는 40년간의 인도 선교를 마치고 고국 영국에 돌아와 충격에 빠졌다. 선교의 중심이었던 영국교회가 거의 무너져 있었기 때문이다. 그는 질문한다. "한때 세계 기독교의 중심이었고 선교운동의 태동지였던 영국교회가 왜 이렇게 몰락했는가?" 이 질문에 대한 그의 답변 중 하나가 '삼위일체 하나님의 선교' 개념이었다. 그는 여러 책을 통해, 교회가 회복되려면 선교적 본질을 회복해야 하는데 여기서 이야기하는 선교는 하나님의 선교를 의미한다고 강조했다. 뉴비긴이 던진 이 질문은 이후 20세기 말

복음주의 진영 내에서 하나님의 선교 이해에 대한 다양한 토론으로 이어졌다.

'삼위일체 하나님의 선교' 수용을 공식적으로 결정한 것은 1999년 세계복음주의연맹(World Evangelical Alliance)이 남미 이구아수에서 주최한 복음주의 선교학자들의 모임이라 할 수 있다. 이 모임에서는 매우 중요한 결의를 했는데, 복음주의 선교학에서도 21세기에는 '삼위일체 하나님의 선교'를 중심으로 선교에 대한 논의를 진행하겠다는 결정이다. 오트는 다음과 같이 말한다.

"우리는 하나님 중심의 선교학에 대한 새로운 강조점에 헌신한다. 이것은 이 타락한 세상에 대한 선교에 있어 성부, 성자, 성령의 독특한 역할을 이해하는 것뿐 아니라, 인류와 전체 피조계의 구속을 위한 삼위 하나님의 역사(Operation)에 대한 새로운 연구로 우리를 초청한다."

물론 이 결정이 이전 에큐메니컬 진영에서 주장하던 하나님의 선교 개념을 그대로 수용한다는 것을 의미하지는 않는다. 하나님은 교회를 통해 하나님의 선교를 이루기 원하시기 때문에, 하나님의 선교에 대한 복음주의적 이해는 복음 증거를 통해 구원을 선포하고 믿는 자들의 공동체인 교회를 세우는 것이 병행되어야 함을 분명히 했다. 즉, 하나님의 선교와 하나님 백성의 선교라는 두 축을 통해 선교라는 열차가 앞으로 나아간다고 이해한 것이다.

삼위일체 하나님의 선교와 복음주의 선교운동

어쨌든 21세기 선교는 다시 하나님의 선교라는 관점 위에 세워지고 있다. 선교는 하나님이 피조 세계 전체를 향해 일하시는 것이며 동시에 하나님의 백성 공동체, 교회를 통한 온 세상과 전 인류의 회복 과정으로 이해된다. 그렇다면 '삼위일체 하나님의 선교'라는 관점이 21세기 복음주의 선교운동에 던지는 의미는 무엇인가?

먼저 삼위일체 하나님의 선교는 선교에 대한 새로운 이해를 촉구한다. 이전의 선교는, 복음이 전달되지 못한 먼 외국에 가서 복음을 전해 영혼을 구원하고, 그들로 구성되는 교회를 세우며, 그 교회들을 통해 하나님 나라가 이 땅에 이뤄질 것이라는 이해에 기초해 있었다. 그러나 하나님의 선교는 이보다 훨씬 넓은 스펙트럼을 갖고 있다. 창조와 종말을 잇는 역사 전반에 대한 하나님의 선교적 여정으로 선교를 이해한다. 즉, 선교는 하나님께서 자신이 창조한 피조 세계 전반의 회복을 향한 하나님의 일이며, 교회와 그리스도인, 선교단체들은 이 하나님의 선교에 초청받아 그 일에 참여하는 자들이다.

선교는 복음 전도와 교회 개척 너머에 있는 훨씬 큰 그림을 지향한다. 교육과 구제, 지역 개발, 의료, 문화 선교 등 다양한 영역에서 하나님의 통치를 드러내는 것 역시 매우 중요한 선교적 역할임을 인정한다. 하나님께서 자신의 영광을 드러내기 위해 이 땅 가운데 행하시는 모든 영역이 선교의 대상이며, 그 참여 역시 헤아릴 수 없는 다양한 형태로 진행된다.

다음으로 하나님의 선교는 선교 사역의 주체가 선교사, 선교단체가 아니라 하나님 자신임을 일깨운다. 선교 과업은 전문적인 훈련을 받고 교회의 후원을 받으면서 전문적인 선교단체에 의해 파송된 전임 선교사에게만 위임된 것이 아니다. 전임 선교사든 일반 성도든 하나님의 뜻에 순종하고 그분이 이 땅 가운데 이루고자 하시는 일에 참여하는 사람은 모두가 선교사이다. 이들은 모두 동일하게 하나님의 선교에 참여하도록 초청받은 존재이며, 그 일의 궁극적 주체는 하나님 자신이다. 우리는 각자의 은사에 따라 그 부르심에 응답해 참여하는 존재일 뿐이다. 전임 선교사와 선교단체뿐 아니라 선교지의 토착 교회까지 포함하는 모든 그리스도인이 이 세상에 파송된 선교적 존재임을 이해해야 한다.

하나님의 선교의 관점은 자연스럽게 모든 그리스도인이 자신의 삶의 현장에서 하나님의 통치를 드러내고 아직 하나님을 모르는 사람들을 향해 하나님의 사랑과 복음을 전하는 것을 선교로 이해하도록 돕는다. 그리스도인들이 가지고 있는 이 세상의 모든 직업, 하나님의 백성으로서 살아 내는 모든 삶을 선교적 관점에서 이해하게 한다.

마지막으로, '삼위일체 하나님의 선교' 관점의 회복은 열방네트웍에 어떤 의미인가?

열방네트웍은 초기부터 비즈니스를 통해 타 문화에 복음을 전하고 사람들의 일상적 삶의 영역 속에서 이루어지는 하나님의 선교를 지향해 왔다. 복음 증거와 교회 개척을 지향하지만, 그것은 삶의 전 영역에 하나님의 나라가 회복되는 과정에서 자연스럽게 맺히는 열매일 뿐이다. 이런 점에서 지난 30년 동안 비즈니스를 통해 선교적 사명을 감당해 온 열방네트웍의 경험은 21세기 선교를 위한 소중한 자산이 아닐 수 없다.

한국교회는 지난 30년 동안 교회 개척 중심의 선교운동에 매진해 왔고 이것은 한국교회 선교의 강점이었다. 그러나 이러한 쏠림 현상은 한편으로는 20세기 후반 이래 서구 선교학계가 고민해 온 하나님의 선교에 대한 주제에 공감할 기회를 박탈하는 배경이 되기도 했다. 미전도 지역을 향한 전방 개척 선교가 지금도 여전히 필요하지만, 전 세계 거의 모든 곳에 교회가 세워진 오늘날의 상황은 과거의 선교 패러다임 너머에 있는 새로운 선교 패러다임을 요구하며, 이는 '삼위일체 하나님의 선교' 개념을 통해 대변되는 면이 있다.

전통적 선교 패러다임과는 거리를 두고 어느 정도 이질감 속에서 성장해 온 열방네트웍이 그간 주변부로서 경험한 모든 것은 오히려 21세기 새로운 선교 패러다임에 빠르게 적응하고 그 패러다임에 의한 새로운 선교운동을 주도할 수 있는 잠재력으로 연결될 수 있으며, 또 그렇게 되기를 기대한다.

- 임태순(열방네트웍 이사)

5장
하이브리드 시대, 선교단체의 역할

파송 선교단체의 정체성 균열

21세기 선교 패러다임 전환의 핵심 이슈 중 하나는 선교단체의 정체성과 새로운 상황에 어울리는 선교사의 역할에 대한 재조정이다. 지난 몇 세기 동안 복음주의 선교운동을 이끌던 선교 구조가 본질적인 도전을 받고 있다. 윌리엄 캐리에 의해 시작된 '위대한 선교의 세기'는 기독교 지역이었던 서구로부터 비기독교 지역이었던 서구의 바깥 지역으로 향하는, 서구 기독교의 '확장'으로서의 선교였으며, 이 흐름은 일방통행의 형태로 진행되었다. 그리고 이 일방통행 흐름을 주도한 것이 바로 '자원주의 파송(전문) 선교단체'였다.

이들 파송 선교단체는 당시 새롭게 성장하던 기업과 유사한 구조를 보인다. 타 문화 선교에 공감하는 개인 또는 지역 교회가 자발적이며 자유로운 결사를 통해 선교단체를 구성하고, 이 단체를 중심으로 선교운동을 이끌어 가는 구조였다. 윌리엄 캐리는 이 선교단체의 역할을 다음 몇 가지로 규정했다. 먼저 해외 선교에 대한 소명감을 가진 개인들의 자발적 결사에 기초해 이사회를 만들고 이들이 선교사들을 선발, 훈련, 파송, 지원한다. 이 자발적 단체들은 교회를 선교 자원으로 동원하고, 기도운동을 일으켜 선교 인력을 모집하고, 재정을 모금해 해외로 파송된 선교사들을 지원한다. 독신 수도사들을 중심으로 파송하던 로마 가톨릭 선교 구조와는 다르게, 개신교 선교사는 가족 단위를 기초로 했고, 이들은 선교단체의 후원을 받으면서 전도와 교회 개척 등 선교 사역에 전념하는 구조였다.

이 구조는 매우 성공적이었다. 많은 선교사를 발굴하여 파송했고, 선교적 사명에 참여하도록 교회들을 효과적으로 동원했다. 선교사들은 전적으로 사역에만 전념할 수 있었으므로 높은 전문성을 갖출 수 있었고 사역적 효율도 높았다. 서구의 선진 문화의 영향력뿐 아니라 본국으로부터 지원되는 재정의 힘으로 현지 교회를 빠르게 개척해 나가며 성장시킬 수도 있었다.

그런데 전통적 선교 구조의 성공은 역설적으로 이 선교 구조의 본질적 변화를 촉구하는 요인이 되었다. 선교지마다 교회가 개척되고 이들이 빠르게 성장하면서, 서구 교회가 파송의 중심이 되고 선교지는 선교의 대상이 되는 기존의 구조를 계속 유지하기가 어려워졌다. 또한 교통·통신의 발달, 전 세계적인 대규모 인구 이동, 그리고 급속한 세계화와 같은 일반 세속 사회의 변화도 일방통행 방식의 선교 구조의 토대를 붕괴시키는 데 일조했다. 선교에 전후방이 사라졌고 '모든 곳에서 모든 곳으로' 흘러가는 새로운 선교 구조의 필요성이 대두되었다.

특히 지난 세기 동안 성공적으로 선교를 이끌었던 파송 선교단체의 정체성에 대해 재해석이 필요하다는 목소리가 커지고 있다. 20세기 후반부터 국제 선교단체들은 이미 패러다임의 전환을 시도해 왔다. 서구에서 시작된 국제 선교단체는 비서구 교회 출신 선교 자원을 적극적으로 수용하려 애썼다. 경제적 여유가 없는 비서구 출신 선교사들은 서구 교회가 세워 놓은 재정 원칙을 따라갈 수 없었기 때문에 이들 상황에 맞도록 재정 원칙이 변경되었고, 비서구 출신 선교사들의 허입뿐 아니라 그들의 리더십 진출에 대해서도 호의적이었다.

내가 사역 초기 팀으로 함께 사역했던 국제사역팀에는 비서구 출신 선교사들이 다수 있었는데 한국, 홍콩, 일본, 싱가포르 등 부유한 몇 아시아 국가 출신 선교사를 제외한 대부분의 비서구 출신 선교사들은 별도의 재정 규칙의 적용을 받으며 대등한 멤버로서 동역했다. 그 단체의 국제 총재 역시 아시아인이었고, 그 외 여러 국제 선교단체에서도 다수의 아시아, 아프리카, 남미 출신 선교사들이 리더십을 담당하고 있었다.

21세기 들어 파송 선교단체 구조의 본질적 변화를 촉구하는 목소리가 점점 더 커지고 있다. 대표적인 사례가 성경 번역 전문단체인 위클리프 선교회이다. 우월한 언어학적 지식과 경험 그리고 재정력을 앞세워 서구 출신 선교사들이 현지인 조력자들과 함께 수십 년 동안 성경 번역을 진행해 왔다. 주로 서구 선교사들이 주도하고 현지인 조력자들은 선교단체로부터 사례를 받고 피고용인으로서 참여해 왔다. 그런데 위클리프 선교회는 이 구조를 과감하게 해체하고, 현지인들이 스스로 성경 번역 단체를 결성하게 하며 그들을 대등한 회원으로 위클리프 선교회에 받아들였다. 서구와 비서구를 비롯하여 다양한 배경의 성경 번역 단체들이 연합해 사역하는 연맹으로 전환된 것이다. 서구 선교사, 서구 선교단체 중심의 선교 구조를 내려놓고 전 세계 모든 교회가 동등한 파트너로서 함께 동역하는 구조를 선택했다.

전환 과정에 긴장과 갈등이 있었지만, 위클리프 선교회의 시도는 서구에서 비서구로의 일방통행식 선교 구조의 본질적 변화를 보여 준 상징적 사건이 되었다. 오늘날 서구 교회와 선교사들에 의해 주도되었던 많은 국제단체가 위클리프 선교회가 시도한 선교 구조의 패러다임 전환을 받아들이고 있다.

이와 함께 또 다른 본질적 변화가 진행되는 영역은 '위대한 선교 세기'를 주도했던 파송받은 전문(전임) 선교사의 역할과 관련된 부분이다. 예전 선교 구조 속에서 멀리 떨어진 타 문화 지역에서 복음 전도와 교회 개척 사역을 이끈 주역은, 선교단체에서 전문적 훈련을 받은 후 선교지에 가서 재정 후원을 받으면서 선교 사역에만 전념하는 전임 선교사들이었다. 이 시절에는 배를 타고 여러 달 동안 긴 항해를 해야 선교지로 갈 수 있었고 서신 등 연락을 주고받는 데도 긴 시간이 소요되었기 때문에, 현장 사역은 전문성을 갖춘 선교단체와 선교사들에게 전적으로 위임할 수밖에 없었다. 본국 교회는 재정을 보내고 기도하는 정도의 참여로 제한되었다.

그런데 오늘날은 상황이 변했다. 비행기를 타면 몇 시간 만에 선교지에 다녀올 수 있고 인터넷, SNS 등으로 파송 국가와 선교지의 거리가 혁신적으로 가까워졌다. 세계화 추세 속에서 엄청나게 많은 사람이 여행과 업무, 비즈니스 등의 이유로 국가를 이동하며, 난민의 신분으로 혹은 취업이나 학업을 위해 전 세계 대부분의 지역에 장기간 체류하고 있다. 전임으로 사역하는 전문 선교사들만 선교를 하던 시대는 지나갔다. 모든 그리스도인이 전 세계 모든 곳을 향해 선교적으로 나아갈 수 있는 시대가 된 것이다. 이런 상황을 보면서 선교역사학자 데이나 로버트는 21세기를 "아마추어 선교의 시대"가 될 것으로 전망하기도 했다.

선교 아마추어 시대의 의미는 무엇이며, 21세기 선교운동을 아마추어 선교운동이 주도한다면 기존의 전통적인 선교사들의 역할에는 어떤 변화가 있을 것인가?

선교 아마추어 시대가 열린다는 것은 무엇보다 평범한 그리스도인들이 타 문화 선교에 참여하는 시대가 열렸다는 말로 설명할 수 있다. 세계화로 인해 전 세계 모든 지역의 그리스도인 다수가 자신이 태어난 지역이 아닌 다른 문화권이나 다른 지역으로 이주해 살거나 여행을 다닐 수 있게 되었다. 직장에서의 해외 파견, 이민이나 해외 취업 또는 여행자로서 다른 문화권에 갈 때, 믿는 자로서 행동하거나 자연스럽게 자신의 신앙을 소개할 수 있다. 또는 일정 기간 복음을 전하겠다는 목적을 가지고 타 문화권을 방문해 사역하고, 그 기간을 마치면 다시 이전의 삶과 생업으로 돌아가는 단기 선교 운동도 가능하다. 따라서 평생 성직자로서 살면서 선교 사역을 전임으로 담당했던 이전의 선교사와는 다른 의미에서 새로운 선교사의 정체성을 새로 세울 필요가 생겼다.

아마추어 선교 시대에는, 복음 전파와 교회 개척을 전임으로 담당하도록 파송된 선교사와 구별되는 평범한 그리스도인들이 자신들의 삶을 통해 복음을 자연스럽게 증거하는 것이 격려를 받는다. 종교개혁의 핵심 개념 중 하나였던 만인제사장의 개념을 타 문화 선교 영역에 적용하는 예가 될 것이다. 타 문화 사역 훈련과 교육을 거치고 전문 선교단체의 선발 과정을 통과해 전적인 후원을 받으며 사역하도록 파송받은 선교사들만이 선교사로 여겨지던, '가는 선교사'와 '보내는 선교사' 같은 과거의 이분법적 선교사 이해는 예전만큼 경계선이 선명하지 않다. 각자의 전문성으로 자비량하면서 일터와 사회 속에서 자연스럽게 복음 증거자의 삶을 사는 경우도 동일하게 선교적 정체성을 보장해 주어야 한다.

하이브리드 방식의 21세기 선교

그렇다면 아마추어 선교가 선교운동의 주된 흐름의 하나로 자리 잡아가는 상황 속에서, 전문 선교단체의 파송을 받고 전문적으로 선교 사역에 헌신하는 전통적인 선교사들의 역할은 어떻게 변화되어야 하는가? 21세기 선교 상황에서 파송받은 전임 선교사들의 새로운 정체성과 역할은 '하이브리드적 선교' 개념으로 설명할 수 있을 것이다.

파송받은 전임 선교사들은 성속(聖俗)의 이원론적 사고를 내려놓는 일에서부터 자신의 새로운 정체성을 규정할 수 있어야 한다. 성직자로 인식하기보다는 선교에 전문적인 역할을 하도록 기능적으로 구분된 존재로서 자신을 이해해야 한다. 참여하는 사역 영역도 복음 전도와 제자훈련, 교회 개척으로 국한하지 말고, 사회의 전 영역에서 선교적 사역이 일어나도록 선도하고 지원하는 역할을 감당해야 한다. 교회 공동체를 중심으로 사역적 역할을 감당하지만, 초기 기독교 당시 그리스도인들처럼, 동시에 비즈니스나 사회 문화 영역 등 일상의 현장에 참여하면서 그 안에서 자연스럽게 복음을 전하는 다기능적 정체성을 가질 필요가 있다. 파송받은 전임 선교사와 자신의 생업이나 전문성을 통해 주님을 드러내는 전문인 평신도 선교사의 구분을 없애거나, 아니면 최소한의 기능적 구분 정도만 해야 한다.

한편 파송받은 전임 선교사가 왜 계속 존재해야 하는가에 대한 분명한 이유를 재확인해야 한다. 전 세계 모든 지역에 토착 교회가 존재하고 각 지역 그리스도인들이 여러 모양으로 전 세계적으로 흩어져 살면서 아마추어 선교가 진행되고 있다면, 전문 선교단체와 파송받아 사역하는 전임 선교사들이 유지되어야 하는 이유는 무엇인가? 전 세계 모든 곳에 지역 교회들이 형성되어 있는 상황에서도 여전히 '위대한 세기'의 선교를 주도하던 파송 선교단체와 전통적인 선교사들이 유지되어야 하는가? 이 질문은 20세기 중반부터 다양한 영역에서 논의되어 왔다. 파송 전문 기관과 선교사들이 유지되어야 하는 이유를 다음 두 가지로 요약할 수 있다.

하나는 위대한 선교 세기 동안 효과적으로 작동했던 전문 파송단체의 장점을 유지하기 위해서이다. 아마추어 선교 운동을 통해 많은 수의 평범한 그리스도인과 지역 교회들이 자연스럽게 타 문화 선교에 참여하게 되었지만, 이 운동을 효율적으로 지도하고 조율할 수 있는 선교 전문가와 단체는 여전히 필요하다. 초기 기독교 시절 선교지를 방문해 격려하고 가르쳤던 사도들의 역할과 유사하다. 스데반의 순교 이후 예루살렘과 유대 지역의 신자들은 핍박을 피해 전 세계로 흩어졌고, 이들은 가는 곳마다 복음을 전하고 교회를 세웠다. 하지만 이들을 방문해 격려하던 사도들의 역할은 여전히 중요했다. 안디옥 교회에서는 타 문화 선교만 전문적으로 담당하도록 바나바와 바울을 따로 세워 파송해 새로운 지역을 개척하고, 평신도들이 개척한 교회들을 격려하고 가르치도록 했다.

다른 하나는, 앞에서도 살펴봤지만 교회가 없는 미전도 지역, 미전도 종족을 향한 선교를 위해서이다. 전 세계적인 선교운동에도 불구하고 여전히 미전도 상태로 남아 있는 많은 지역과 종족이 존재한다. 이 지역들은 문화적 적응의 어려움이나 안전 문제로 인해 평범한 그리스도인들이 자연스럽게 접근하여 복음적 돌파를 하는 것이 쉽지 않다. 이런 상황을 돌파하기 위해서는 타 문화 선교에 전문성을 갖추고 파송받은 전임 선교사들의 역할이 반드시 필요하다.

1974년과 1989년에 열린 로잔 1차, 2차 대회는 미전도 종족 선교가 절정을 치닫던 시기에 열렸다. 미전도 지역 및 종족에 대한 선교에서는 이를 감당할 수 있는 전문적인 선교단체들의 역할이 강조될 수밖에 없었다. 한국을 비롯한 비서구 지역에서도 파송 단체들이 다수 설립되었는데, 이들이 빠르게 성장한 것은 미전도 종족과 지역의 선교를 감당하기 위해서 특별하게 선발하고 후원하는 전임 선교사들의 역할이 필요하다는 논리가 적용된 탓도 크다. 2021년을 기준으로, 전 세계 인구의 28.2%가 교회도 없고 여러 이유로 복음으로부터 차단된 지역에 살고 있다.[1] 파송된 선교사가 없이는 복음을 접할 수 없는 것이다. 이들의 복음화를 위해서는 여전히 특별하게 선발되어 전문적인 훈련을 받은 전임 선교사들의 역할이 필요하다.

정리하자면, 아마추어 선교 시대에 전임 선교사들은 변화된 상황에 맞춰 이전과는 다른 관점에서 자신들의 역할을 재해석할 필요가

---

1) Gina A. Zurlo, Todd M. Johnson and Peter F. Crossing, "World Christianity and Mission 2021: Questions about the Future," *International Bulletin of Mission Research*, 2021, 45(1), 23.

있다. 21세기 선교에 참여할 전임 선교사들은 이전에 비해 다기능적 역할을 감당할 수 있어야 한다. 즉, 하이브리드 선교에 능숙해야 한다.

파송 기관 선교사들의 새로운 역할

그렇다면 21세기 선교운동 현장에서 전문(전임) 선교사들은 어떤 역할을 감당해야 할까?

먼저 아마추어 선교사들과 선교 공동체를 이루어 전(全) 영역에서 선교가 진행될 수 있도록 자극하고 조율해야 한다. 복음적인 그리스도인들이 여러 이유로 다른 문화, 다른 지역으로 가서 사회 전 영역에 머물고 있는데, 각자의 자리에서 선교적 사명을 감당하도록 격려하고 필요한 훈련을 제공하며, 이들에 의해 형성되는 열매들을 기존 교회 공동체와 연결하거나 자생력을 갖춘 토착 교회로 성장할 수 있도록 이들 안에 머물면서 도와야 한다. 한국 선교 초기에는 해외의 한인 교회 목회자들을 타 문화 선교사로 인정하지 않았으나, 선교를 하이브리드적 사고로 바라보기 시작하면서 오늘날에는 이들도 타 문화 선교사로 인정하고 있다. 선교사 역할에 대한 관점 변화를 반영한 것이다.

파송받은 전임 선교사들의 또 다른 역할은 '미션 네트워킹'(Mission Networking) 기능이다.[2] 즉, 전 세계 모든 지역에 존재하는 토착 교회가 미전도 지역 선교에 도전하게 하며 그들을 동원하는 역할을 해야 한다. 대등한 동역자로서 인정하여 해당 지역 교회 성장뿐 아니라 주

---

2) 전에는 '미션 플랜팅'(Mission Planting)이란 용어를 사용했으나 이는 선교사의 주도성을 강조하는 개념이라는 비판을 받고 있다.

변의 미전도 지역과 종족을 향해 경계를 넘는 선교운동에 그들과 함께 도전해야 한다.

한편 취업, 이민, 난민 등의 이유로 전 세계 모든 지역에 그리스도인들이 흩어져 살고 있는데, 디아스포라 선교 전략을 통해 이들을 선교 자원화하는 일도 중요한 선교 영역으로 대두되고 있다. 아랍권처럼 복음을 자유롭게 전할 수 없는 지역에 살고 있는 제3국 출신 그리스도인들과의 동역을 활성화하는 역할도 중요하다. 중동 지역에는 동남아시아, 남아시아 출신으로 취업을 목적으로 이주하여 사는 사람이 많은데, 이들 중 선교적 사명이 있는 믿는 자들이 다수 존재한다. 이들과 소위 '남-남(南-南) 선교 파트너십'을 시도할 필요가 있다. 예를 들면, 사우디아라비아 등 아랍 지역에는 취업을 목적으로 살고 있는 필리핀 노동자들이 매우 많으므로, 파송받은 전임 선교사들이 이들과 함께 복음에 적대적인 중동에 복음을 전하고 교회를 세우는 일에 도전할 수 있다. 중국 가정교회들도 많은 수의 평신도 전문인을 중동으로 보내고 있는데, 이들 역시 중동 복음화를 위해 동역해야 할 귀한 자원이다. 이들의 동원과 지원, 전략화에는 파송받은 선교사들의 역할이 반드시 필요하다.

이와 함께 21세기 선교 현장에서 아마추어 선교의 활성화를 강화할 또 다른 변수는 소위 온라인 사역 영역의 확대이다. 온라인 선교는 코로나 사태로 인해 새롭게 등장한 사역 영역 중 하나이다. 온라인을 통해 본국 교회와 선교지 사이의 거리는 상상을 초월할 정도로 가까워졌고, 이 열린 길을 통해 더 많은 아마추어 선교가 흘러갈 수 있게 되었다. 그런데 이 새로운 선교의 장(場)을 효과적으로 활용하기 위해서는 파송받은 전문 선교사들이 필요하다. 선교 현장의 오프라인과 새롭게 열리고 있는 온라인을 연결하고, 그 연결 속에서 복음적 열매가 맺히도록 중간 연결 역할을 해야 한다. 온라인과 오프라인이 연결되어 하나로 통합된 사역을 '올라인(All-Line) 선교'라고 부르기도 한다. 최근에는 메타버스(Meta-verse)도 타 문화 선교를 위해 활용되어야 할 새로운 영역으로 대두되고 있다. 파송받은 전임 선교사는 이들 새로운 영역을 깊이 이해하여 현장 선교 사역을 연결할 수 있는 역량을 갖춰야 한다.

열방네트웍 선교사인 M의 사역이 이를 보여 주는 좋은 예가 될 수 있다. 선교지에서 한국어 교육 사역을 탁월하게 해온 M 선교사는 코로나 사태로 한국에 입국하여 장기간 국내 체류하였는데, 온라인 사역 기회가 열림에 따라 한국에 있으면서도 한국어 교육 사역을 온라인으로 계속 진행할 수 있었다. 그런 와중에 한국의 평범한 그리스도인들로서 한국어 교사 자격을 갖추고 국내 외국인 이주민, 외국인 노동자, 다문화 가정을 대상으로 한국어 교육 사역을 하던 공동체를 알게 되었다. M 선교사는 한국어를 배우고자 하는 선교지의 현지인들과 이 공동체를 연결해 새로운 사역의 장을 열고 있다.

한편, 나의 후배 선교사의 사례도 온라인 시대의 하이브리드 선교의 가능성을 보여 준다. 그는 한국의 대형 교회에서 청년 사역을 하다가 중동의 한 국가에 선교사로 파송되었다. 그곳에서 한국에서 방문한 청년 대학생들과 현지인들의 만남을 연결하는 문화 사역을 개발했고, 이 과정을 통해 다양한 형태로 복음 전도의 기회를 모색할 수 있었다. 코로나 사태는 그에게 온라인을 통한 새로운 사역의 기회를 열어 주었다. 한국에 있는 청년들이 한국 문화에 관심을 보이는 아랍 청년들과 만날 수 있도록 온라인 네트워크를 만들었고, 이를 통해 자연스럽게 예수님을 전할 수 있었다.

변화하는 시대를 분석하고 이에 적합한 창의적인 사역을 개발하면서 새롭게 열리는 사역 현장을 연결하기 위해서 전문적인 선교사들은 여전히 필요하다. 현장 사역을 통해 형성된 현지인들과의 네트워크를 온라인 네트워크와 연결하고, 이를 통해 본국의 선교적인 그리스도인들이 선교지 영혼들과 만날 수 있게 하여 그 만남을 통해 자연스럽게 주님을 증거할 기회를 얻도록 새로운 사역 방법을 개발해야 한다. 이 과정을 통해 선교적 열매가 맺히면 회심자들을 그들이 살고 있는 지역의 교회나 신자 공동체와 연결하고, 필요한 경우 신앙적 성장의 기회를 제공하는 것 역시 전임 선교사들의 몫이다.

하이브리드 형태의 선교는, 해외에 흩어져 살고 있는 한국인 그리스도인들이나 한인 교회와의 동역을 통해 나타날 수도 있고, 현지 교회와 협력해 비즈니스나 지역 개발, 구호, 문화 사역의 장을 함께 열어 갈 수도 있다. 제3국 출신 그리스도인들과 함께 복음 증거가 어려운 지역 사역을 위해 동역할 수도 있다. 코로나 사태 이후 새롭게 열리고 있는 온라인 선교의 장을 통해 기독교 지역의 다양한 선교적 평신도들과 선교 현지의 사람들을 연결하면서 올라인(All-Line) 선교의 장으로 발전시키고, 그 네트워크를 통해 복음이 흘러가도록 할 수도 있다. 정리하면, 코로나 사태를 거치면서 새로운 선교 패러다임으로서 하이브리드 선교 패러다임이 생겨나고 있고, 이는 전통적 선교 구조의 변화와 함께 선교사들의 새로운 정체성 변화로 이어지고 있다.

- 임태순(열방네트웍 이사)

편집 후기

삶, 비즈니스 그리고 선교

– 유진(ANN 대표)

이 책을 기획하고 선교사님들의 글을 받기 시작한 지는 1년 반, 책을 만들기 시작한 지는 1년이 지났습니다. ANN의 30년의 흔적을 담는 중요한 작업이었기 때문에 잘 만들고 싶어 여러 번 기획안을 바꾸며 고민하고 또 고민했습니다.

세련된 책이 되기를 바라며 책을 만들수록 작업은 더디고 방향이 잘 보이지 않았습니다. 전문 작가에게 집필을 의뢰하기도 하고, 결이 다른 글들을 합했다가 나누었다가, 이리저리 분류하며 조합해 보았습니다.

그러다 마침내 힘을 빼기로 했습니다. 눈에 보이는 것도 중요하지만 그 안에 담긴 진정성과 열정이 더 중요하기 때문입니다. 열방네트웍을 구성하는 각 지체의 글을 모아 정성스럽게 담았습니다. 비즈너리로서의 삶, 선교를 향한 열정, 이론과 훈련 등 여러 가지가 담긴 이 책은 잘 차려진 화려한 밥상은 아닙니다. 우리를 생각하며 정성껏 차린 부모님의 소박한 밥상 같은 책입니다.

그리고 우리네 선교사들의 삶을 닮은 책입니다. 하나님이 보내신 곳에서 누가 보든 보지 않든 묵묵히 제 몫을 해내고 있는 비즈너리들 말입니다. 한 줄의 글, 한 문단에는 우리 선교사들의 수많은 땀과 눈물과 웃음과 감격이 담겨 있습니다. 결이 다르고 조금 투박하더라도 그 안에 담긴 진심과 열정, 하나님을 향한 사랑과 세상을 향한 사랑을 읽어 주시면 좋겠습니다. 우리와 함께하시는 하나님의 사랑과 선교의 열정이 독자들의 삶에서도 가득 피어나길 소망합니다.

비즈니스를 통한 개척 선교
나는 비즈너리(Businary)입니다

1판 1쇄 인쇄 _ 2024년 5월 20일
1판 1쇄 발행 _ 2024년 5월 25일

지은이 _ 열방네크웜
펴낸이 _ 이형규
펴낸곳 _ 쿰란출판사

주소 _ 서울특별시 종로구 이화장길 6
편집부 _ 745-1007, 745-1301~2, 743-1300
영업부 _ 747-1004, FAX 745-8490
본사평생전화번호 _ 0502-756-1004
홈페이지 _ http://www.qumran.co.kr
E-mail _ qrbooks@gmail.com / qrbooks@daum.net
한글인터넷주소 _ 쿰란, 쿰란출판사
등록 _ 제1-670호(1988.2.27)

ⓒ 열방네트웜 2024 ISBN 979-11-6143-947-1 03230

책값은 뒤표지에 있습니다.
이 출판물은 저작권법에 의해 보호를 받는 저작물이므로 무단 복제할 수 없습니다.
파본(破本)은 구입처에서 교환해 드립니다.